A. MOUILLOT

LE LIVRE

DE LA

OMPTABILITE AGRIC

PRIX :

Broché couverture souple : 10 fran.   couverture
Relié : 15 francs

BESANÇON (DOUBS)
ÉDITIONS SÉQUANIA
C. LARDIER, Directeur

F.-A. MOUILLOT

LE LIVRE

DE LA

COMPTABILITÉ AGRICOLE

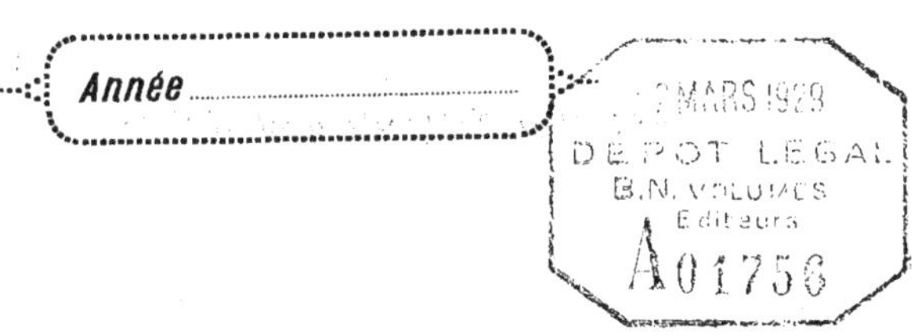

EXPLOITATION DE

ℳ

MODÈLE DÉPOSÉ

(Reproduction interdite)

ÉDITIONS SÉQUANIA

C. LARDIER, Directeur
BESANÇON (Doubs)

AVANT-PROPOS

A part de très rares exceptions, l'exploitant agricole ne tient aucune comptabilité, soit qu'il n'ait pas les données générales exigées par ce petit travail, soit qu'il recule devant l'obligation de se procurer et tenir plusieurs registres.

Cependant, aujourd'hui plus que jamais, il ne suffit plus que les produits du domaine alimentent la famille du cultivateur, il faut que celui-ci tire le maximum de profits de son travail et du capital engagé dans l'exploitation. Il ne pourra y parvenir autrement que par la comptabilité, qui seule permet de mettre en évidence l'importance des bénéfices et leurs sources, ainsi que les pertes et leurs causes, et par suite, de développer les premiers, réduire les seconds.

En Agriculture comme dans le Commerce et l'Industrie il importe de ne faire des appréciations qu'avec des données précises; il n'est pas téméraire d'affirmer que les illusions sont fréquentes lorsqu'il s'agit de préjuger les résultats d'une récolte ou d'un élevage. L'agriculteur moderne doit étudier à fond les conditions dans lesquelles se réalise sa production ; il doit diriger celle-ci de façon intensive vers l'obtention de denrées dont la vente lui laissera le bénéfice le plus élevé et le mieux assuré. Ce n'est pas seulement à ce point de vue que la comptabilité lui apportera des données précieuses, elle appellera encore son attention sur les causes du coût de telle denrée ou produit, sur les avantages résultant de l'emploi de tel engrais, dans la fumure de telle pièce et pour telle plante, etc... Par l'examen et le rapprochement de sa comptabilité de plusieurs années il sera possible à l'agriculteur de dégager des conclusions très utiles pour l'orientation de son exploitation vers un meilleur rendement, vers une diminution des frais la grèvant.

N'oublions pas non plus que le cultivateur est actuellement soumis à l'impôt sur les bénéfices agricoles. Le fisc n'exige de lui aucune déclaration la taxation étant établie à forfait, mais dans la plupart des cas, il lui serait possible d'obtenir une diminution de cette imposition en produisant une comptabilité démontrant que ses véritables bénéfices sont inférieurs à ceux fixés par l'Administration.

Le Livre de la Comptabilité Agricole offre une méthode simple, précise, rapide, à la portée de tous, à l'aide de laquelle — quelle que soit l'importance de son exploitation — chacun peut apporter un peu d'ordre et de clarté dans ses opérations. Cet ouvrage arrive à son heure et vient combler une véritable lacune. Il constitue un guide précieux pour le cultivateur désireux de voir clair dans ses affaires, qui lui rendra de grands services et qui ne manquera pas d'être apprécié de lui.

Aucunes raisons valables ne peuvent s'opposer à ce que le cultivateur compte. Quelles forces au contraire lui donnera la connaissance précise de la nature des opérations qu'il aura engagées, de la valeur des denrées qu'il aura produites, de l'importance des frais qui auront grevé sa culture. En l'encourageant à compter nous ne voyons que son propre intérêt ; l'intérêt général sera suffisamment bien servi par les conséquences économiques heureuses qui en résulteront, car compter c'est être à même de mieux diriger son exploitation et la meilleure orientation donnée à l'agriculture aura pour corollaire l'accroissement de la production nationale. C'est la vie plus sûre et plus rémunératrice pour l'agriculteur, la vie moins chère pour le consommateur.

Pierre DES VAREILLES

TENUE DE LA COMPTABILITÉ AGRICOLE

L'établissement et la tenue d'une comptabilité agricole, telle que nous la préconisons, est aussi simple que possible, et les résultats en sont des plus justes. Cette méthode ne comporte qu'un seul compte à tenir chaque jour, un inventaire à établir en fin d'année et le report des chiffres obtenus forme le bilan donnant une situation nette et sincère de l'exploitation.

La comptabilité d'une exploitation peut débuter et l'inventaire être arrêté à n'importe quelle date ; nous conseillons d'adopter l'année légale du 1er janvier au 31 décembre.

Recettes et Dépenses

Inscrire dans ces pages toutes les recettes et toutes les dépenses quelle qu'en soit la nature.

Porter les sommes une première fois dans les colonnes « *Sommes* » et ensuite les répéter dans l'une ou l'autre des colonnes « *Maison* », « *Culture* », « *Bétail* », « *Frais généraux* », suivant que l'opération comptabilisée se rapporte à telle ou telle partie de l'exploitation.

Compte maison. — Inscrire en recettes les locations, pensions, rentes, coupons, etc... ; en dépenses les achats faits pour le ménage : aliments, vêtements, chaussures, ameublement, matériel de cuisine, linge, les frais de médecin et de médicaments, les dépenses de voyages, les achats de terres ou d'immeubles, les placements, etc... Les produits de la ferme (légumes, lait, beurre, œufs, volailles, etc.), consommés doivent être estimés et portés en dépenses au compte maison et en recettes aux autres comptes.

Compte culture. — Porter aux recettes : ventes des grains, fourrages, récoltes diverses, valeur des produits consommés par la famille (inscrite en dépenses au compte Maison), valeur des récoltes consommées par les animaux de la ferme (cette somme étant portée en dépenses au compte Bétail) ; aux dépenses : achats d'engrais, de machines agricoles, de semences, assurances grêle, salaires du personnel employé, etc...

Compte Bétail. — En recettes on portera les ventes d'animaux de toutes espèces y compris les animaux de la basse-cour, ainsi que des produits en dérivant : lait, beurre, œufs, etc... En dépenses figureront les achats des mêmes animaux, la valeur des aliments consommés, achetés ou produits à la ferme (cette dernière somme étant portée en recettes au compte Culture), les soins vétérinaires, assurances mortalité salaires du personnel spécial, etc.

Compte frais généraux. — Porter en recettes les rentrées diverses ne trouvant pas place dans les autres comptes : sous-location de terres, travaux divers, etc.. En dépenses viendront les impôts, les assurances incendie et personnel, les locations payées, l'entretien du matériel, les réparations aux immeubles, les frais de personnel ne pouvant être compris soit dans le compte Culture, soit dans le compte Bétail.

Observations. — La répartition en plusieurs comptes des Recettes et Dépenses n'a aucune influence sur le résultat de la comptabilité, elle n'est préconisée que pour permettre à l'exploitant de se rendre mieux compte de la nature de ses profits et des causes de ses dépenses.

Les totaux des colonnes Maison, Culture, Bétail et Frais généraux doivent former une somme égale au total de la colonne Recettes ou Dépenses correspondante.

Pour le contrôle des sommes devant rester en caisse on trouvera, page 5A, un tableau sur lequel il suffira de reporter les Recettes et Dépenses de chaque mois pour obtenir par une simple soustraction entre les deux colonnes la connaissance de l'avoir en caisse.

Inventaire et Amortissements

L'inventaire s'établit à la fin de l'année. Il a pour but de permettre la confection du bilan et de calculer les résultats de l'année. Il doit comprendre tout ce que possède le cultivateur.

1o *Immeubles et valeurs* : Terres, Bâtiments, Titres, Rentes, Argent en caisse ou en dépôt dans les banques ou caisses d'épargne, prêts, etc...

2o *Matériel de ménage* : Meubles, linge, ustensiles de cuisine, cave, buanderie, etc...

3o *Matériel de culture* : Instruments agricoles, voitures, mobilier d'écurie, de laiterie, etc...

4o *Cheptel* : Chevaux, bovins, porcs, moutons, animaux de basse-cour, etc.

5o *Denrées* · Fourrages, grains, farines, fumiers, engrais chimiques, etc...

6o *Débiteurs* : Toutes les sommes dues pour réglement de livraisons, travaux, intérêts, coupons à encaisser, etc...

7o *Créanciers* : Ce compte représente le passif de l'exploitant : y figureront les dettes envers des tiers, les emprunts aux caisses de crédit agricole ou aux banques, les intérêts échus, les factures restant à payer, les salaires, échus et non encore réglés, etc...

Pour l'établissement d'un inventaire sincère il est utile de ne faire ni surestimations, ni sous-estimations et pour cela il faut s'entourer de tous renseignements utiles.

Les terres, bâtiments seront portés pour leur prix d'achat, ou pour leur valeur au cours du moment si celui-ci est inférieur au cours d'acquisition. Les grosses réparations ou transformations opérées pourront être ajoutées au prix initial. Les titres et valeurs diverses seront également inventoriées à leur prix d'achat ou au cours du jour s'il y a baisse.

Pour l'estimation du bétail opérer suivant les poids et les cours de la boucherie : toutefois pour les sujets spéciaux (sujet d'élevage ou de reproduction, vaches laitières exceptionnelles, etc...) inscrire un prix en rapport avec les offres provoquées déjà ou pouvant l'être pour ces animaux. Pour les chevaux amortir chaque année le prix d'achat pour le mettre d'accord avec la somme qui pourrait en être retirée en cas de vente immédiate.

Les denrées s'estiment au poids et aux prix commerciaux du moment.

Le matériel de ménage et le matériel de culture sont inventoriés pour leur prix d'achat, ou leur valeur commerciale du moment si celle-ci est inférieure au prix d'achat, sous déduction d'un amortissement pour usure calculé forfaitairement à raison de 1/10e par année. Ainsi un instrument payé 1.000 fr. en usage depuis 3 ans sera inventorié pour 1.000 fr. — 3/10e soit 300 = 700 fr. Si entre temps la valeur commerciale de cet instrument était tombée à 800 fr. le prix d'inventaire serait 800 — 3/10e soit 240 = 560 fr. En agissant ainsi le cultivateur obtiendra à l'estimation de son matériel un total sensiblement égal au prix qu'il retirerait de ce matériel s'il était amené à en faire la vente au jour de l'inventaire. Lorsque le matériel aura été ainsi amorti des 9/10e la réduction cessera et chaque inventaire suivant sera fait à raison de 1/10e de la valeur d'achat ou commerciale du moment.

Bilan

Le Bilan est le résumé de l'inventaire. Son établissement se fait en reportant au tableau préparé à cet effet les totaux des différents chapitres de la comptabilité et de l'inventaire. Additionner les deux colonnes Actif et Passif et soustraire le chiffre de ce dernier du premier, la différence donnera l'avoir du cultivateur au jour de l'inventaire.

Résultats de l'année

En comparant le montant de l'avoir obtenu au Bilan ci-dessus au montant révélé par l'inventaire précédent on obtient le résultat de l'exploitation pendant l'année.

Ouverture de la Comptabilité

L'exploitant qui n'aurait établi précédemment ni comptabilité ni inventaire, devra en tout premier lieu déterminer sa situation au jour d'ouverture du présent livre, en établissant un inventaire-bilan d'après les données ci-dessus de façon à pouvoir en fin d'année comparer cette situation avec celle que son bilan lui révélera et en déduire le résultat annuel.

COMPTES AUXILIAIRES

Sous ce titre sont groupés une série de comptes qui n'interviennent pas dans l'établissement du bilan et la détermination du résultat annuel, mais qui n'en sont pas moins intéressants pour le cultivateur à qui ils servent d'aide-mémoire ou apportent le moyen de suivre de près le rendement de ses cultures, le résultat de ses essais, et d'améliorer son rendement général en tirant des chiffres les conclusions nécessaires pour la meilleure orientation possible de son exploitation.

Personnel à la journée et Personnel au mois

Ces tableaux serviront à l'établissement des comptes du personnel employé. Chaque semaine dans le premier, chaque mois dans le second, seront séparés les uns les autres par un trait en large du tableau, trait après lequel seront reportés les indications : du... au... (la semaine) ou : mois de..., avant l'inscription des noms. Les colonnes « Dates de paiement » seront remplies en concordance avec les pages « Recettes et Dépenses », et de cette façon nulle contestation ne pourra être soulevée par les salariés.

Sommes à payer, Sommes à encaisser

Ces deux tableaux formeront un utile aide-mémoire pour l'acquit à leur échéance des sommes dues et pour le recouvrement en temps utile de sommes à encaisser. Comme pour les précédents les colonnes « Dates de paiement » et « Dates d'encaissement » étant en concordance avec les pages « Recettes et Dépenses » pourront servir de justification en cas de pertes de titres réguliers, ou de toute autre contestation.

Carnet des Saillies

Aide-mémoire qui sera utile sans nul doute.

Surfaces ensemencées en Blé

La loi sur les bénéfices agricoles fait une obligation au cultivateur de déclarer les surfaces ensemencées en blé. Ce tableau est préparé pour l'établissement de cette déclaration.

Essais d'Engrais chimiques

Un essai ne peut être intéressant que si les résultats en sont contrôlés avec certitude. En utilisant judicieusement notre tableau il sera facile de déterminer quels essais ont été les plus concluants et quels engrais doivent être adoptés suivant les terres et la nature des cultures.

Tableau général des Récoltes

A l'aide de ce tableau l'exploitant aura chaque année une statistique du rendement de ses diverses cultures. Par la comparaison de ces renseignements des années successives, il se procurera d'utiles indications sur la marche à donner à son exploitation.

Rendement des Vignes

Cette statistique viendra compléter la précédente.

Distillation

Le cultivateur distillant les fruits de sa récolte pourra en consigner les résultats sur le même tableau que le produit des vignes. Il lui sera toujours agréable et utile de retrouver plus tard les renseignements concernant la production des années antérieures.

Résultats des Cultures

Cette statistique établie par nature de cultures et non plus par pièces de terre, vient heureusement compléter le « *Tableau général des Cultures* ». Le calcul du rendement à l'hectare permettra de se rendre compte si l'exploitation est conduite dans les meilleures conditions possibles de rapport.

Basse-Cour

Peu de cultivateurs se rendent vraiment compte du produit important qu'ils peuvent retirer de leur basse-cour. En reportant à notre tableau, mois par mois, les chiffres intéressant cette partie de l'exploitation chiffre extrait du *compte Bétail* il sera facile d'apprécier de quel appoint la Basse-Cour peut être dans une exploitation. On suivra aussi par ce tableau les résultats suivant les races élevées.

Animaux

Il ne peut être tenté d'établir un compte capable de donner par le détail des faits, actes, productions l'appréciation juste des spéculations animales, mais il ne saurait manquer d'intérêt pour le cultivateur de pouvoir avoir sous la main à tout moment un résumé synoptique desdites opérations. Notre tableau permettra de conserver trace des transactions réalisées pendant l'année et souvent il sera nécessaire d'y recourir.

Personnel

Pour les polices d'assurances contre les accidents, pour la délivrance d'un certificat de travail, pour permettre de répondre à une demande de renseignement, et dans une quantité d'autres cas, cette page constituera un aide-mémoire qui sera apprécié.

RECETTES & DÉPENSES

(A tenir quotidiennement)

RECETTES

Mois de ____

Dates	Opérations	Sommes	Maison	Culture	Bétail	Frais Génér
	à reporter					

Dates	Opérations	Sommes	Maison	Culture	Bétail	Frais Généraux
	Reports					
	à reporter					

RECETTES

Mois de ____

Dates	Opérations	Sommes	Maison	Culture	Bétail	Frais Généraux
	Reports					
	à reporter					

Dates	Opérations	Sommes	Maison	Culture	Bétail	Frais Généraux
	Reports					
	à reporter					

RECETTES

Mois de _______

Dates	Opérations	Sommes	Maison	Culture	Bétail	Frais Généraux
	Reports					
	à reporter					

Dates	Opérations	Sommes	Maison	Culture	Bétail	Frais Généraux
	Reports					
	à reporter					

RECETTES

Mois de ___________

Dates	Opérations	Sommes	Maison	Culture	Bétail	Frais Généraux
	Reports					
	à reporter					

DÉPENSES

Dates	Opérations	Sommes	Maison	Culture	Bétail	Frais Généraux
	Reports					
	à reporter					

RECETTES

Mois de _______

Dates	Opérations	Sommes	Maison	Culture	Bétail	Frais Généraux
	Reports					
	à reporter					

DÉPENSES

Dates	Opérations	Sommes	Maison	Culture	Bétail	Frais Généraux
	Reports					
	à reporter					

RECETTES

Mois de ______

Dates	Opérations	Sommes	Maison	Culture	Bétail	Frais Généraux
	Reports					
	à reporter					

Dates	Opérations	Sommes	Maison	Culture	Bétail	Frais Généraux
	Reports					
	à reporter					

RECETTES

Mois de _______

Dates	Opérations	Sommes	Maison	Culture	Bétail	Frais Généraux
	Reports					
	à reporter					

DÉPENSES

Dates	Opérations	Sommes	Maison	Culture	Bétail	Frais Généraux
	Reports					
	à reporter					

RECETTES

Mois de _______

Dates	Opérations	Sommes	Maison	Culture	Bétail	Frais Généraux
	Reports					
	à reporter					

Dates	Opérations	Sommes	Maison	Culture	Bétail	Frais Généraux
	Reports					
	à reporter					

RECETTES

Mois de

Dates	Opérations	Sommes	Maison	Culture	Bétail	Frais Généraux
	Reports					
	à reporter					

DÉPENSES

Dates	Opérations	Sommes	Maison	Culture	Bétail	Frais Généraux
	Reports					
	à reporter					

RECETTES

Mois de ___

Dates	Opérations	Sommes	Maison	Culture	Bétail	Frais Généraux
	Reports					
	à reporter					

DÉPENSES

Dates	Opérations	Sommes	Maison	Culture	Bétail	Frais Généraux
	Reports					
	à reporter					

RECETTES

Mois de ....

Dates	Opérations	Sommes	Maison	Culture	Bétail	Frais Généraux
	Reports					
	à reporter					

Dates	Opérations	Sommes	Maison	Culture	Bétail	Frais Généraux
	Reports					
	à reporter					

RECETTES

Mois de _______

Dates	Opérations	Sommes	Maison	Culture	Bétail	Frais Généraux
	Reports					
	à reporter					

Dates	Opérations	Sommes	Maison	Culture	Bétail	Frais Généraux
	Reports					

CONTRÔLE DE LA CAISSE

Mois de	Recettes		Dépenses		Balances		
En caisse au							
Janvier							
Total							
Février							
Total							
Mars							
Total							
Avril							
Total							
Mai							
Total							
Juin							
Total							
Juillet							
Total							
Août							
Total							
Septembre							
Total							
Octobre							
Total							
Novembre							
Total							
Décembre							
Total							
En caisse au 31 Décembre							

INVENTAIRE

(A établir annuellement toujours à la même date)

IMMEUBLES ET VALEURS

Désignation	Sommes

MATÉRIEL DE MÉNAGE

Désignation	Prix d'achat	Amortissements	Valeur actuelle

MATÉRIEL DE CULTURE

Année d'achat	Désignation	Prix d'achat	Prix actuel	Amortissements	Valeur actuelle

MATÉRIEL DE CULTURE

Année d'achat	Désignation	Prix d'achat	Prix actuel	Amortissements	Valeur actuelle

CHEPTEL

Quantités	Désignation	Estimation

DENRÉES

Quantités	Désignation	Prix	Sommes

CRÉANCIERS

Désignation	Sommes

DÉBITEURS

Désignation	Sommes

BILAN

ACTIF	Sommes	PASSIF	Sommes
Recettes de l'année Maison		Dépenses de l'année Maison	
— „ — Culture		— „ — Culture	
— „ — Bétail		— „ — Bétail	
— „ — Frais Généraux		— „ — Frais Généraux	
Immeubles et Valeurs		Créanciers	
Matériel de Ménage			
Matériel de Culture			
Cheptel			
Denrées			
Débiteurs			
Espèces en caisse			

BALANCE

Actif : _______________

Passif : _______________

Avoir Net : _______________

RÉSULTATS DE L'ANNÉE

Avoir à l'inventaire précédent : _______________

Avoir à ce jour : _______________

RÉSULTAT NET : _______________

COMPTES AUXILIAIRES

PERSONNEL À LA JOURNÉE

Noms	Lundi	Mardi	Mercredi	Jeudi	Vendredi	Samedi	Dimanche	Total	Prix	Sommes dûes	Dates de paiement
du — au —											

PERSONNEL À LA JOURNÉE

Noms	Lundi	Mardi	Mercredi	Jeudi	Vendredi	Samedi	Dimanche	Total	Prix	Sommes dues	Dates de paiement
du ___ au ___											

PERSONNEL À LA JOURNÉE

Noms	Lundi	Mardi	Mercredi	Jeudi	Vendredi	Samedi	Dimanche	Total	Prix	Sommes dues	Dates de paiement
du — au —											

PERSONNEL À LA JOURNÉE

Noms	Lundi	Mardi	Mercredi	Jeudi	Vendredi	Samedi	Dimanche	Total	Prix	Sommes dues	Dates de paiement
du ___ au ___											

PERSONNEL À LA JOURNÉE

Noms	Lundi	Mardi	Mercredi	Jeudi	Vendredi	Samedi	Dimanche	Total	Prix	Sommes dues			Dates de paiement
du ___ au ___													

PERSONNEL AU MOIS

Noms	1	2	3	4	5	6	7	8	9	10	11	12	13	14	15	16	17	18	19	20	21	22	23	24	25	26	27	28	29	30	31	Total des journées	Salaires	Sommes dues	Acomptes	Reste dû	Date de paiement
Mois de																																					

PERSONNEL AU MOIS

Noms	1	2	3	4	5	6	7	8	9	10	11	12	13	14	15	16	17	18	19	20	21	22	23	24	25	26	27	28	29	30	31	Total des journées	Salaires	Sommes dues	Acomptes	Reste dû	Date de paiement
Mois de __																																					

PERSONNEL AU MOIS

Noms	1	2	3	4	5	6	7	8	9	10	11	12	13	14	15	16	17	18	19	20	21	22	23	24	25	26	27	28	29	30	31	Total des journées	Salaires	Sommes dues	Acomptes	Reste dû	Date de paiement
Mois de																																					

PERSONNEL AU MOIS

Noms	1	2	3	4	5	6	7	8	9	10	11	12	13	14	15	16	17	18	19	20	21	22	23	24	25	26	27	28	29	30	31	Total des journées	Salaires	Sommes dues	Acomptes	Reste dû	Date de paiement
Mois de																																					

SOMMES À PAYER

Echéances	Mode de règl.t	Créanciers	Sommes	Date de paiement

SOMMES À PAYER

Echéances	Mode de règl.t	Créanciers	Sommes	Date de paiement

SOMMES À ENCAISSER

Noms et Adresses des Débiteurs	Nature du Débit	Echéance et Mode de Recouvrement	Sommes	Dates d'Encaissement

SOMMES À ENCAISSER

Noms et Adresses des Débiteurs	Nature du Débit	Echéance et Mode de Recouvrement	Sommes	Dates d'Encaissement

CARNET DES SAILLIES

Noms des Femelles	Date de Saillie	Nom du Reproducteur	Date de naissance du produit	Observations

SURFACES ENSEMENCÉES EN BLÉ

Noms des Pièces	Surfaces	Observations

Déclaration obligatoire :

ESSAIS D'ENGRAIS

Noms des Pièces	Surfaces	Nature de la Culture	ENGRAIS		Récoltes obtenues	Observations
			Nature	Poids		

ESSAIS D'ENGRAIS

Noms des Pièces	Surfaces	Nature de la Culture	ENGRAIS		Récoltes obtenues	Observations
			Nature	Poids		

TABLEAU GÉNÉRAL DES RÉCOLTES

Noms des Pièces	Surfaces	Nature des Récoltes	Quantités	Observations

RÉCAPITULATION

Blé		Carottes fourragères
Orge		Choux-Raves
Avoine		Haricots et Oignons
Seigle		Raves
Fèves		Sarrazin
Lin		Fourrages prairies nat.
Houblon		—„— prairies art.
Maïs		
Betteraves		
Pommes de terre		

RENDEMENT DES VIGNES

Noms des Pièces	Surfaces	Cépages	Vin Rouge	Vin Blanc	Marc	Observations

RÉSULTATS DES CULTURES

Nature des Cultures	Surfaces	Récoltes	Rendement à l'hectare	Observations

Nature des Cultures	Surfaces	Récoltes	Rendement à l'hectare	Observations

BASSE-COUR

Mois de	Dépenses	Vente Volailles	Vente Œufs	Vente Lapins	Recettes diverses	Total des Recettes	Observations

ANIMAUX

Noms	Provenance et Date d'Entrée	Age	Race	Sortie	Observations

ANIMAUX

Noms	Provenance et Date d'Entrée	Age	Race	Sortie	Observations

PERSONNEL

N.º d'ordre	Date d'Entrée	Nom et Prénoms	Emploi	Salaire	Date de Sortie et Observations

NOTES DIVERSES

ADRESSES A CONSERVER

LA CULTURE INTENSIVE

LES TERRES

On peut classer les terres en trois catégories principales : argileuses, siliceuses et calcaires, et les terres d'alluvion.

Les terres argileuses, dites aussi terres fortes, ont dans leur composition même un excès d'azote dont il faut tenir compte pour l'emploi des engrais chimiques.

Mais il ne faut pas les confondre avec les terres marneuses, qui sont à peu près impropres à toutes cultures ; et qui, en certains endroits, par l'évolution des siècles, se transforment en tourbières et ont alors quelque valeur calorique en raison du gaz méthane qu'elles produisent.

Les terres argileuses sont aptes à produire les céréales, le lin, le houblon, le colza, le tabac, les luzernes, les betteraves, etc.

La seconde catégorie comprend les terres siliceuses, dites aussi terres légères. Elles ont une composition voisine de la normale ; et une fumure suivie au fumier de ferme complétée par un emploi judicieux d'engrais chimiques, leur assure généralement de bonnes récoltes

Elles produisent principalement les pommes de terre, la vigne, le sainfoin et les céréales secondaires comme le seigle, le maïs. Les oignons y poussent aussi très bien.

Ces terres sont d'une culture facile et productive. Toutefois, elles craignent les périodes de sécheresse. Mais le cultivateur peut diminuer les dangers de la sécheresse en employant des engrais potassiques qui, en agissant par capillarité, tirent l'humidité du fond du sol pour la répandre dans la partie cultivée.

Enfin, et chacun le sait, les terres d'alluvion sont ordinairement formées d'apports faits par le voisinage des cours d'eau, par le dessèchement des lacs. Ce sont des terres lavées. Elles ont un aspect brunâtre et renferment des coquillages aquatiques. Leur consistance est fine, ténue, et très perméable ; mais ces terres ayant été lavées, ont besoin de l'apport des bases mêmes du sol : l'azote, l'acide phosphorique et la potasse.

Etant convenablement fumées, elles sont alors susceptibles de bonnes productions, mais surtout des produits maraîchers, dont la culture est rémunératrice.

En résumé, la classification ci-dessus s'applique à la généralité des terres. Il peut exister quelques variantes renfermant les principes généraux des mélanges dont elles sont formées, sans omettre les terres d'humus, d'une grande fertilité.

LES FERMENTS

Nul n'ignore maintenant que des infiniment petits, des microbes, des ferments jouent un rôle considérable dans le sol. Depuis les travaux de Pasteur, il est notoirement établi que si, certains de ces microbes sont nuisibles et dangereux, d'autres, au contraire, en provoquant des fermentations et des décompositions, ont un effet salutaire.

Ce sont ces ferments, travailleurs actifs, qui décomposent le fumier, les chaumes, les feuilles et les racines en aidant au phénomène de la nitrification.

Ils aident également à l'assimilation des engrais chimiques dont ils répartissent les principes essentiels dont se nourriront les futures récoltes.

Ces ferments, en un mot, ont un rôle de transformateurs. Des matières organiques qu'ils travaillent, ils extraient les éléments producteurs du sol.

Il est de toute nécessité que l'agriculteur surveille cette nitrification, qui est la base de toute bonne culture.

Nous allons voir, aux pages suivantes, que dans les terres acides ou décalcifiées la nitrification se fait mal, parce que les ferments n'existent qu'en petite quantité et ne peuvent pas remplir leur rôle.

Un apport de chaux active devient donc indispensable dans ces terres pour ramener leur fécondité. Ce traitement étant suivi, les ferments peuvent se développer dans un milieu approprié à leurs fonctions et la nitrification recommence normalement pour assurer des récoltes satisfaisantes.

ACIDITÉ DU SOL

Il arrive quelquefois que par suite de l'abondance dans le sol de matières organiques non transformées ou de l'absence de la chaux, il résulte une maladie bien connue des agriculteurs : l'acidité du sol. Dans ce cas, les terres collent aux pieds, et on dit généralement qu'elles « sont plus fortes ». La végétation devient languissante ; et si des remèdes énergiques ne sont employés dès le début de la maladie, cette végétation risque de devenir franchement mauvaise.

L'acidité du sol se manifeste presque toujours par une poussée d'oseille.

Nous venons de voir que les ferments ne pouvant se reproduire et travailler dans un milieu acide, la nitrification ne s'opère donc plus que d'une façon très imparfaite ; et les semences, confiées à un mauvais milieu ne peuvent produire que de mauvaises récoltes.

Pour remédier à cette acidité, il faut opérer des marnages et chaulages : en somme, ajouter de la chaux active sous forme de chaux bluttée en poudre, de phosphates naturels ou d'écumes de défécation produites par les sucreries.

La chaux qui manquait à ces terres, neutralise alors l'acidité et la fait disparaître, puis par ses précieuses qualités permet une culture normale et des récoltes abondantes.

DU FUMIER DE FERME

Le meilleur des engrais, le plus ancien, le plus employé, est incontestablement le fumier de ferme.

Constamment à la disposition de l'agriculteur, celui-ci l'emploie pour toute sa culture ; car il sait que cet engrais est naturellement un engrais complet contenant des principes essentiels : l'acide phosphorique, la potasse et l'azote ammoniacal.

Ces trois éléments, qu'on trouve aussi dans les

engrais chimiques, et combinés avec eux, selon la nature du sol et selon la nature des plantes participent à la richesse des terres et des récoltes.

Aussi, dans toute exploitation agricole bien entendue, le fumier est-il l'objet de soins journaliers, et est arrosé copieusement de purin contenu dans une fosse *ad hoc*. La dépense d'une pompe à purin est insignifiante par rapport aux services rendus.

En effet, un fumier sec, non arrosé de purin, perd une grande partie d'azote, et se décompose difficilement dans les terres.

Dans le cas contraire, le fumier conserve ses éléments essentiels. Sous l'influence des ferments, il se décompose rapidement dans le sol, provoque la nitrification en répandant la fertilité.

On ne saurait donc trop recommander à l'agriculteur d'amasser et soigner cet engrais précieux qui constitue pour la ferme une véritable richesse.

LES ENGRAIS CHIMIQUES

La terre, pour produire, a besoin qu'on lui restitue tous les principes que les récoltes lui prennent.

C'est le rôle de la fumure.

Sans enlever aucune des qualités du fumier de ferme, il est juste de reconnaître aux engrais chimiques les mérites qu'ils ont.

La culture intensive, si elle donne de bonnes récoltes, doit, pour ne pas épuiser le sol, être faite au moyen d'engrais appropriés qui se complètent heureusement.

Ici, apparaissent les engrais chimiques, qui sont les compléments du fumier de ferme, ont une action rapide et un pouvoir énergique.

Une mention toute spéciale doit être accordée aux engrais à base de chaux dont la majorité des terres et des végétaux a un pressant besoin.

Les principaux engrais chimiques employés sont :

Engrais azotés

Nitr. de soude du Chili .. titr. 15.5 % d'azote nitr.
Sulfate d'ammoniaque . — 20 % — — ammon.
Cyanamide, en p. et gran.. — 15 à 20 % —

Pour mémoire, la corne torréfiée, le sang moulu, l'engrais de poisson dont la teneur en azote organique est assez appréciable.

Engrais phosphatés

Superphosphate minéral.. titr. 14 à 16 % acide phos.
Supersphophate d'os .... — 12 à 14 % —
Scories Thomas .... — 16 à 22 % —

Et d'autres engrais, issus des os, contenant aussi un peu d'azote.

Engrais potassiques

Sylvinite ord. et riche ... titr. 12 à 20 % de pot. pur
Sulfate de potasse ...... — 46 % —
Chlorure de potassium .. — 49 % —

Engrais divers

Phosphate naturel   pour terrains pauvres en chaux
Plâtre phosphaté — · — —
Craie pulvérisée — — —
Chaux moulue fine — — —
Sulfate de fer, insecticide énergique.

Acide sulfurique, très dilué dans l'eau, pour détruire les sanves.

Cette nomenclature est certainement imparfaite, car il existe d'autres engrais chimiques ayant une réelle valeur, comme le nitrate de chaux, le guano, etc. Mais elle donnera à l'agriculteur une connaissance des engrais qu'il emploie et qu'il peut trouver dans le commerce.

Engrais composés

Pour éviter à l'agriculteur de faire des mélanges d'engrais, et pour en répandre plusieurs sortes à la fois, on trouve dans le commerce des engrais dits « composés » formés d'un mélange approprié d'azote, d'acide phosphorique ou de potasse.

En faisant sa commande, l'agriculteur n'a qu'à indiquer à quelle plante il destine ces engrais et, autant que possible, la composition du sol qui les recevra. Mais il devra exiger un dosage garanti par le fournisseur.

Il devra partir de ce principe que plus une terre est argileuse, moins elle a besoin d'azote, mais de chaux : donc d'engrais phosphatés.

Ces engrais sont aussi à recommander pour les terres moyennes dépourvues de calcaire ainsi que les terres d'alluvion.

Enfin, il se souviendra que les céréales — dont le maïs — sont friandes d'acide phosphorique, tandis que les racines et les tubercules font une grande consosommation de potasse.

Un emploi judicieux d'engrais azotés complètera ces deux bases, l'acide phosphorique et la potasse. Ces trois éléments, en complètant les principes fertilisants du fumier de ferme, enrichiront le sol, l'assainiront et provoqueront de bonnes récoltes.

D'où, l'avantage de la culture intensive.

TABLEAU DE CULTURE INTENSIVE

Nous donnons ci-après quelques formules d' « engrais composés » à employer pour différentes cultures. Mais nous rappelons à l'agriculteur qu'il peut préparer lui-même ces sortes d'engrais en se procurant les trois bases : acide phosphorique, potasse et azote. Toutefois, il importe de ne pas faire les mélanges plus de quelques jours avant l'emploi ; car la rencontre de certains engrais forme des combinaisons chimiques à éviter.

Ces formules s'appliquent pour terres ordinaires moyennes, ni trop argileuses, ni trop calcaires. Proportions à l'hectare.

Toutes céréales, à l'automne et au printemps :
250 kilogs Superphosphate minéral 14 à 16 % acide phosphorique.
200 — Sylvinite riche 20-22 % potasse pure, ou 100 kilogs Chlorure de potassium 49 %.
50 — Nitrate de Soude, 15.5 % azote, ou de Sulfate d'ammoniaque, 20 %.

Betteraves, pommes de terre, carottes, vignes
300 kilogs Superphosphate minéral 14-16 % acide phosphorique.
500 — Sylvinite riche 20-22 % potasse pure, ou 250 kilogs chlorure de potassium 49 %.
60 — Nitrate de soude 15.5 % azote, ou de sulfate d'ammoniaque 20 %.

Tabac, primeurs, jardins, lin, légumes feuillus et à racines.
400 kilogs Superphosphate minéral 14-16 % acide phosphorique.
250 — Chlorure de potassium 49 % potasse pure.

150 kilos Nitrate de Soude 15.5 % azote, ou de sulfate d'ammoniaque 20 %.

Trèfle, luzerne, sainfoin, vesces, etc., de novembre à mars.

400 kilogs Superphosphate minéral 14-16 % acide phosphorique.

300 — Sylvinite riche 20-22 % potasse pure, ou 150 kilogs de chlorure de potassium 49 %

Prairies, en couverture, à l'automne

400 kilogs Scories de déphosphoration 20-22 %.

400 — Sylvinite riche 20-22 %.

Culture maraîchère intensive	Lég. à rac. et à bulbes	Légumes feuillus
Superphosphate min. 14-16 %	400 kilogs	300 kilogs
Phosph. naturels de la Somme	300 —	300 —
Chlorure de potass. 49 %......	150 —	200 —
Nitr. de soude ou sulf. d'amm.	150 —	200 —

Soit environ 10 kilogs à l'are à enfouir 15 à 20 jours avant les plantations et semis.

Spécial aux terres acides et décalcifiées

500 kilogs Scories de déphosphoration 20-22 %.

500 — Phosphates naturels de la Somme.

Continuer ce traitement pendant 2 à 3 ans, puis employer le dosage de la première formule de ce tableau.

Spécial aux terres négligées, ruinées

500 kilogs Superphosphate minéral 14-16 % acide phosphorique.

500 — Sylvinite riche 20-22 % potasse pure.

200 — Nitrate de soude 15.5 %, ou de sulfate d'ammoniaque 20 %.

Cet engrais peut aussi s'employer pour les arbres fruitiers, les plantations de cassis, et pour toutes terres moyennes dont on veut obtenir un rendement maximum.

Ces quelques formules générales permettront à l'agriculteur d'en faire un choix judicieux ; mais nous devons répéter que ces engrais sont les compléments du fumier de ferme avec lequel ils doivent se trouver en contact tous les ans, ce qui est parfait, et tous les trois ans au maximum.

LE TALLAGE DU BLÉ

Au printemps, les jeunes pousses de blé se répandent ordinairement sur le sol pour former des tiges à l'extrémité desquelles les épis naîtront et mûriront plus tard : c'est le tallage.

Soit par suite des froids rigoureux de l'hiver, soit par suite de semailles tardives faites en mauvaises conditions, ces jeunes pousses ont souvent un aspect chétif.

La plante est faible, elle a faim : il faut la nourrir.

Mais elle a surtout faim d'azote qui, par sa rapide assimilation va lui redonner la vigueur et le coup de fouet utiles à la formation de ses tiges.

Les engrais azotés sont donc indispensables à cette époque du tallage ; mais doivent être enfouis par un léger hersage.

Le commerce livre maintenant différentes sortes d'engrais azotés. Les uns contiennent de l'azote nitrique, d'autres, de l'azote ammoniacal ou de l'azote synthétique.

Dans la première catégorie, nous trouvons le nitrate de soude et le nitrate de chaux qui ont une teneur moyenne de 15 ½ à 20 % d'azote nitrique. La dose à employer est de 100 kilogs environ à l'hectare, en couverture, après une petite pluie autant que possible.

L'azote ammoniacal titrant 20 % est fourni par le sulfate d'ammoniaque.

Enfin, l'azote synthétique est fourni par la cyanamide en poudre ou granulée accusant une teneur de 15 à 20 %.

La dose et l'emploi sont les mêmes que pour le nitrate de soude.

Le cultivateur a donc le choix des engrais azotés qui lui sont indispensables à cette époque selon le rayon où il se trouve et le prix du degré-azote qui lui est fait.

Il ne faut pas considérer comme dépense cet emploi d'azote, au printemps. De nombreuses expériences faites partout ont donné un excédent de récolte de 400 à 500 kilogs de blé et de 900 à 1.200 kilogs de paille à l'hectare.

LE BLÉ

Nous ne dirons que quelques mots de cette culture que les agriculteurs connaissent si bien.

Tous savent, en effet, que le blé se plaît beaucoup dans de bonnes terres, bien préparées et bien fumées, sauf dans certains cas où la fumure peut-être moins forte : tels les blés venant après des jachères, des trèfles et des luzernes.

Par contre, les blés succédant au lin et aux carottes fourragères doivent recevoir une fumure sérieuse.

L'assolement triennal est ordinairement le cycle employé pour la culture de cette céréale. Il arrive que sur une luzerne, le blé se succède deux années de suite. Nous ne conseillons pas cette façon d'opérer car cette culture détruit trop rapidement les réserves acquises au sol par la luzernière, au détriment des autres récoltes à venir.

En plus d'une fumure de 30.000 kilogs environ de fumier à l'hectare, il convient d'ajouter, au moment des semailles, 500 kilogs de superphosphate minéral, 14 % d'acide phosphorique soluble dans l'eau et le citrate, à incorporer au sol par labour ou hersage.

Si on emploie des engrais potassiques, il convient de les enfouir un mois au moins avant les semailles car ces engrais sont caustiques et ont besoin d'être dissous avant leur contact avec les semences. Quantité : 400 /500 kilogs à l'hectare.

Enfin, une pointe d'engrais azotés compléterait parfaitement cette fumure qui assure à la plante les éléments nutritifs qui lui sont indispensables :

1° L'acide phosphorique, des superphosphates, qui en enrichissant le sol de chaux, concourt à la vigueur de la plante et lui donne des pailles rigides, évitant la verse.

2° La potasse des chlorures ou des sylvinites qui agit fortement sur les fonctions chlorophylliennes et participe à une bonne végétation.

3° L'azote, des nitrates ou sulfates, qui, par la vigueur de ses éléments assurera une bonne germination, une levée saine et fournie, en concourant à l'économie générale de la plante.

Nous avons fait de nombreuses expériences à ce sujet,

et voici les proportions qui nous ont donné les meilleurs résultats.

Natures des terres ensemencées	Super. minéral 14 %	Sylvinite riche 20-22 %	Nitrate de soude 15.5 %
Emploi à l'hectare			
Terres fortes kilogs	250	200	50
Terres moyennes »	225	200	75

Ces trois engrais ainsi employés forment donc un « Engrais complet » par excellence, qui complète avantageusement le fumier de ferme et permet au blé de germer, se développer et mûrir convenablement.

Ainsi traitée, la récolte est supérieure d'un tiers sur une récolte faite sans engrais chimiques.

En passant, faisons une digression pour détruire cette fausse assertion que les « engrais chimiques ruinent le sol ».

Employés seuls, sans fumier et pendant de nombreuses années, il arrive un moment où les ferments, trouvant un milieu acide, ne peuvent pas se développer et remplir leur rôle utile quant à la nitrification. Cela est une exception.

Ainsi que nous l'avons déjà vu, il faut alors avoir recours à la chaux pour retrouver une culture normale.

Mais, et cela est essentiel, les engrais chimiques employés de concert avec le fumier de ferme, enrichissent le sol, le désinfectent et donnent des récoltes abondantes.

Les engrais chimiques sont donc précieux à l'agriculteur. Leur grande consommation prouve leurs qualités. Nous n'insisterons pas davantage.

Pour en revenir au blé, nous savons aussi qu'au moment du tallage, une petite couverture d'engrais azotés doit être répandue et suivie d'un hersage léger.

Pour les orges et avoines, les mêmes engrais peuvent être employés au moment des semailles ; mais dans des proportions moindres, à moins que le fumier de ferme ne soit pas abondant.

Les mêmes observations peuvent également s'appliquer au colza et au sarrazin, en tenant compte de la nature des terres produisant ces plantes.

LA BETTERAVE

La betterave à deux classifications bien distinctes : la fourragère et l'industrielle.

La première est destinée à l'alimentation du bétail. Elle est très productive et certaines variétés peuvent donner 60.000 kilogs de racines à l'hectare.

Quant à la betterave industrielle employée à la fabrication du sucre et de l'alcool, elle a des rendements moindres dépassant rarement 35.000 kilogs à l'hectare. Mais son prix de vente en fait une culture très rémunératrice, dont les binages successifs nettoient le sol, détruisent les insectes, et le préparent au blé, qui généralement suit la betterave.

Comme le lin, la betterave demande une terre franche et fraîche, meuble, bien préparée et une fumure convenable. Sa dominante est la potasse, dont elle est très friande.

A 30.000 kilogs environ de fumier de ferme, il convient d'ajouter à l'hectare :

300 kilogs superphosphate minéral 14 %.
500   —   sylvinite riche 20-22 %
60   —   nitrate de soude 15.5 % azote.

La sylvinite est à enfouir au moins un mois avant les semailles en raison de la causticité que nous lui connaissons. Quant aux deux autres engrais, ils peuvent être enfouis en même temps que le fumier.

Ceci étant fait, la germination est rapide. Les jeunes plantes prennent rapidement du corps, surtout si les quatre binages nécessaires sont faits à des moments judicieux.

Nous savons que la betterave exige beaucoup de potasse pour croître et donner de bons rendements.

Toutefois, au démariage des jeunes plantes, c'est-à-dire au deuxième binage, la betterave a un moment de stagnation qu'il faut abréger au moyen d'engrais azotés.

C'est donc après le démariage qu'il faut procurer aux jeunes plantes un stimulant qui va les renforcer et donner la vigueur nécessaire à leur parfaite végétation.

Ce stimulant est le nitrate de soude, qu'on a eu soin de bien pulvériser, et qu'on répandra directement sur les lignes de betteraves à raison de 100 kilogs environ à l'hectare.

Les troisième et quatrième binages ameublissent les terres, les nettoient, et permettent aux racines de se développer avantageusement sous l'influence des engrais dont le sol est enrichi.

Cette culture demande des soins ; mais elle les paie très largement.

La carotte fourragère, très exigeante, demande les mêmes terres et les mêmes engrais.

LA POMME DE TERRE

La pomme de terre se plaît particulièrement dans les terres légères, meubles et en bon état de culture. Comme toutes les plantes sarclées, elle demande beaucoup de potasse.

Une culture bien entendue et rémunératrice exige les engrais suivants, à l'hectare :
30.000 kilogs fumier de ferme.
300   —   superphosphate minéral 14 %.
600   —   sylvinite riche 20-22 %, ou 250 kgs. chlorure de potassium 49 %

Un apport léger d'engrais azotés ne serait pas inutile.

Les superphosphates peuvent être enfouis en même temps que le fumier. Quant aux engrais potassiques, nous savons qu'il est nécessaire de les enfouir au moins un mois avant la plantation des tubercules.

Les superphosphates et sylvinites étant des engrais de fond, qui se fixent au sol en y apportant l'acide phosphorique et la potasse, constituent une réserve de principes producteurs dont profiteront les blés succédant ordinairement aux pommes de terre.

A la plantation, les plants ronds, de la grosseur d'un œuf moyen, sont préférables aux tubercules que l'on coupe pour faire plusieurs plants. En tout cas, lorsque ces derniers plants sont employés, on ne doit les couper que le jour ou la veille de la plantation.

Pendant la végétation, repérer les beaux pieds, sains, vigoureux, qui donneront l'année suivante des plants exempts de la galle noire ou du doryphora, véritables fléaux qu'il faut combattre préventivement par une sélection sérieuse des tubercules.

CRÉATION DE PRAIRIES

Pour satisfaire aux besoins de son élevage, le cultivateur est souvent amené à créer des prairies permanentes ou temporaires, dont la composition varie selon la nature du sol.

En général, pour les terres ordinaires, sans excès d'argile ni de calcaire, on emploie des graines choisies de légumineuses et de graminées, dont voici une nomenclature avec la quantité à ensemencer à l'hectare :

Graminées

Brome des Prés	60	kilogs
Crételle	25	»
Dactyle pelotonné.......	40	»
Fléole.................	10	»
Fromenthal.............	100	»
Paturin................	20	»
Ray-Grass d'Italie	70	»
Vulpain, etc.	25	»

Légumineuses

Lotie-corniculé	10	kilogs
Minette	20	»
Esparcette..............	120	»
Trèfle hybride, etc.	10	»

Le cultivateur fera donc lui-même le choix des graines à ensemencer, pour arriver à un mélange total de 60 kilogs à l'hectare ; mais on trouve dans le commerce des mélanges préparés de graminées et légumineuses que l'on sème sur ce même taux de 60 kilogs à l'hectare.

Disons tout de suite que la création de prairies demande une préparation très soignée du sol, qui doit être meuble, propre, bien fumé avec addition d'engrais chimiques.

Les semis ont lieu ordinairement au printemps sur orge ou avoine de façon à obtenir une première récolte ou un premier pâturage à l'automne.

Les terres pourront recevoir la fumure suivante, à l'hectare :

30.000 kilogs fumier de ferme.

400	—	superphosphate minéral 14 %.
200	—	chlorure de potassium 49 %.
100	—	nitrate de soude 15.5 % ou toute autre proportion d'engrais azotés (sulfate d'ammoniaque 20 %, 80 kilogs).

La deuxième année, et les années suivantes, il conviendra d'entretenir ces prairies par les fumures ci-après, à l'hectare, qui seront répandues fin d'automne, en couverture :

400	kilogs	Scories de déphosphoration 20-22 %.
400	—	Sylvinite riche 20-22 %.

Dans les terrains humides, et après quelques années, s'il se forme des mousses, celles-ci sont à détruire par un hersage à l'automne, après l'épandage des scories et sylvinites.

Les prairies ainsi traitées sont susceptibles de durer assez longtemps en fournissant un fourrage abondant et de choix.

LE LIN

Longtemps tributaire de l'Etranger au sujet de cette plante industrielle, la France a fait, depuis quelques années, un gros effort pour en augmenter la culture.

Les résultats sont déjà satisfaisants.

La Seine-Inférieure est un des plus gros pays producteurs : mais cette culture étant rémunératrice tend à se répandre.

Le lin demande une terre franche et fraîche sans être humide, propre et bien préparée par des labours, scarifiages et hersages successifs.

On ne peut en faire la culture convenablement que tous les sept ou huit ans dans le même champ.

Cette plante étant assez exigeante demande une fumure sérieuse : 40.000 kilogs environ de fumier de ferme à l'hectare, auquel il convient d'ajouter :

500	kgs	superphosphate minéral 14 %.
250	—	chlorure de potassium 49 % ou, à défaut,
500	kgs	sylvinite riche 20-22 %.
150 à 200	—	nitrate de soude 15.5 %.

CULTURE MARAICHÈRE

Cette culture demande une terre très meuble, saine ou l'humus domine et une fumure abondante.

Le fumier à employer doit avoir fermenté, être complètement pourri et sans paille ni autres matières organiques vertes. Il est complété par l'apport d'engrais chimiques dont une formule existe ci-dessus. Au cas où des insectes, des myriapodes se révèleraient dans la partie cultivée, ce sous-sol peut être désinfecté au moyen de sulfate de fer dilué dans l'eau. Dans ce cas, la culture de la partie désinfectée doit être abandonnée pendant un mois environ.

La diversité des plantes cultivées et leurs végétations successives dans la même année prennent aux terres de nombreux principes fertilisants que le maraîcher avisé remplace à bon escient par des engrais appropriés.

Il est à noter que pour les plantes bulbeuses : oignons, aulx, échalottes, la dominante est la chaux à l'exclusion de l'azote.

La culture maraîchère est agréable, remplie d'initiative et rémunératrice.

CULTURE DE LA VIGNE

La vigne, comme tous les autres végétaux, a un besoin pressant d'engrais chimiques — compléments qualifiés du fumier de ferme — pour obtenir une végétation saine et productive.

Pour l'emploi efficace de ces engrais, le viticulteur doit tenir compte de la nature du sol et surtout de sa richesse en chaux, des cépages, de l'âge de la vigne, des soins culturaux dont elle a été l'objet, des récoltes qu'elle a déjà produites, ainsi que des accidents dont elle a pu être victime : grêle, gelée et maladies diverses

Il n'y a donc, à proprement parler, aucune formule fixe pour l'emploi de ces engrais : leur emploi étant subordonné aux observations précitées.

Les quantités que nous allons indiquer en chaque genre, azote, acide phosphorique et potasse, s'appliquant aux terres moyennes, calcaires et non calcaires. Leur emploi, combiné avec le fumier de ferme, assure une végétation luxuriante et de bonnes récoltes.

La chaux. — Nous devons dire tout d'abord que la vigne a un besoin permanent de chaux, un besoin indispensable. Il convient d'en donner au sol s'il est décalcifié ou s'il en possède en quantité insuffisante.

Tout le monde sait, en effet, que la chaux maintient le sol meuble en l'aérant et en le rendant perméable. Elle aide à la décomposition du fumier et des engrais organiques en favorisant le phénomène de la nitrification. Elle est aussi d'un grand secours pour l'assimilation des engrais potassiques et phosphatés dont les principes fertilisants enrichissent le sol en s'y fixant.

Toutes ces considérations militent en faveur de la chaux et sont d'une valeur que le viticulteur ne doit pas ignorer s'il veut avoir des terres productives.

La chaux, en résumé, provoque de belles vendanges et des vins de qualité.

Azote. — Les engrais azotés sont nécessaires pendant toute la végétation de la vigne, et surtout les engrais azotés minéraux, qui ont une assimilation rapide.

Dans les terres exposées à la sécheresse ou pauvres en calcaire, il convient d'employer environ 100 kilos de nitrate de soude à l'hectare. Dans les terres humides, les terres fortes et franches, 100 à 125 kilos de sulfate d'ammoniaque pour la même superficie.

Acide phosphorique. — Les engrais phosphatés sont utiles surtout pendant les premiers mois de la végétation. Leur effet est indéniable et bien connu.

Dans les terres pauvres en chaux ou n'en possédant pas et dans lesquelles les chaulages sont impossibles, 600 kilos à l'hectare de scories de déphosphoration produisent un excellent effet, dans les autres terres et surtout dans celles qui sont sujettes à la sécheresse, le superphosphate minéral est tout indiqué avec une moyenne de 400 kilos à l'hectare.

Potasse. — Les engrais potassiques sont également précieux pour l'économie générale de la vigne en raisons des fonctions chlorophylliennes qu'ils accentuent.

Dans les terres pauvres en chaux, le sulfate de potasse trouve son emploi à raison de 100 kilos à l'hectare. Dans les autres terres, et spécialement dans celles qui sont largement pourvues de calcaire, les sylvinites et chlorure de potassium ont un effet salutaire à raison de 500 kilos sylvinite 20/22 %

ou 100 à 125 kilos de chlorure à l'hectare.

Ces engrais forment les bases du sol et se conjuguent avec l'emploi de 20 à 25.000 kilogs de fumier à l'hectare.

Il est naturel de penser que si la quantité de fumier était moins forte, elle serait compensée par un plus large emploi d'engrais chimiques.

L'emploi de ces engrais doit être suivi judicieusement pendant les premières années de la plantation, de façon à munir le sol d'une bonne réserve de principes fertilisants qui assureront aux vignobles une végétation luxuriante avec des produits abondants et de choix.

Enfin nous devons ajouter que l'acidité et la causticité de certains engrais, à part leurs vertus fertilisantes, agissent aussi comme désinfectants en purgeant le sol de nombreux insectes.

Ceci exposé, il ressort que la culture intensive, appliquée à la vigne, est une source de revenus pour le viticulteur.

PETIT TRAITÉ DE MÉDECINE VÉTÉRINAIRE

Abcès. — Affections d'origine généralement microbienne enflammant les tissus et provenant de contusions, piqûres, etc. Les abcès, toujours douloureux pour les animaux, se reconnaissent à un gonflement chaud et dur. Au besoin, couper le poil autour de l'abcès et y appliquer au début des pommades émollientes ; puis, quand l'abcès devient mou avec évacuation de pus, y faire. dans la cavité, des injections antiseptiques de lysol après bon lavage à l'eau oxygénée.

Anémie. — Affaiblissement du sang par suite de mauvaise alimentation ou d'excès de travail. Le sujet atteint est maigre, a l'air triste et l'œil pâle. Des troubles digestifs peuvent se produire. Pour remédier à cet état physique défectueux qui, par la suite, pourrait avoir les plus graves conséquences, administrer au malade des toniques, lui donner une bonne alimentation et modérer son travail.

Angine. — Inflammation de la gorge causée par un refroidissement ou par contagion. Ne pas négliger, dès le début, cette affection qui se reconnaît à de la toux avec évacuation par les naseaux. L'animal a des difficultés de déglutition et sa gorge est sensible. Lui donner des boissons chaudes fortement édulcorées avec du miel. Quelques fumigations émollientes sont d'un excellent effet. Lui éviter les courants d'air et le laisser à l'écurie. Au besoin, si l'angine paraît sérieuse, l'isoler des autres animaux et désinfecter l'écurie.

Apoplexie. — Congestion du cerveau manifestée par de l'insensibilité, de la perte de connaissance et par une paralysie totale ou partielle provoquant presque toujours une mort foudroyante. Des saignées s'imposent dès la naissance du mal ; des compresses froides sur la tête sont également utiles. Les soins d'un vétérinaire sont indispensables pour le traitement des premières attaques de cette dangereuse affection.

Boiterie. — Affection généralement sans gravité si elle est produite par un effort disproportionné à la force de l'animal, effort qui lèse les muscles, les tendons et dénature les fonctions locomotrices de l'animal. Les boiteries peuvent aussi provenir de coups ou d'accidents qui intéressent le pied : clous de rue, blessures par objets divers ou piqûres. Dans ce cas, il convient d'enlever immédiatement le fer, et d'opérer un bon lavage au lysol ou à l'eau oxygénée afin d'empêcher la formation des colonies microbiennes Une piqûre anti-tétanique. Mais si la piqûre atteint les os du pied, le vétérinaire peut seul indiquer le traitement à suivre.

Les boiteries bénignes résultant d'un effort, mais sans blessure, sont ordinairement guéries par des frictions sèches avec application vesicantes. Si la claudication provient de rhumatismes, donner du salicycate de soude, qui réussit presque toujours.

Il ne faut pas prendre au sérieux la boiterie des jeunes chevaux commençant à travailler. Celle-ci disparaît d'elle-même dès que les os du canon se sont endurcis au travail.

Les boiteries anciennes ayant résisté à divers traitements sont, d'après la loi du 2 août 1884, considérées commes vice rédhibitoire.

Bronchite. — Maladie présentant beaucoup d'analogie avec l'angine et le mauvais traitement de celle-ci peut provoquer celle-là. L'inflammation des muqueuses des bronches est provoquée par le froid, des courants d'air circulant sur l'animal en sueur ou par infection. Le malade a de la toux, souvent violente, de la fièvre et un liquide s'échappe des naseaux. On remédie au mal par des fumigations tièdes et par des boissons également tièdes contenant une forte proportion de miel. L'animal doit rester au repos avec nature de l'alimentation en rapport avec la force de la fièvre.

Cœur. — Les principales maladies de cœur sont la *péricardite* et l'*endocardite*. Elles se manifestent par de l'essoufflement, de la maigreur, de la faiblesse et des troubles dans la circulation du sang. Leur traitement doit être fait et suivi par un vétérinaire. Le mal est souvent incurable.

Coliques. — Affections sérieuses provoquant nombreux sinistres, surtout lorsque les animaux qui en sont atteints ne sont pas sérieusement traités dès les premiers symptômes de la maladie.

Les coliques sont ordinairement causées par des changements brusques de température allant du froid au chaud par temps orageux, par une nourriture mauvaise ou avariée, par une absorption d'eau trop froide ou de foins nouveaux. Enfin cette maladie abdominale peut provenir de parasites intestinaux.

Le malade est triste. Il s'agite, frappe du pied ou manifeste de l'abattement. Il se couche sur le côté ou sur le dos. En cas de gravité, des sueurs froides apparaissent avant la mort.

Le vérérinaire établira son diagnostic selon les causes qui auront provoqué le mal ; mais en attendant sa venue, on peut recommander de promener le malade au pas en le préservant du froid. Des frictions sèches sur l'abdomen au moyen d'un bouchon de paille et des lavements sont également à recommander. Si le mal devient plus violent, on peut pratiquer une saignée de 4 à 6 litres selon l'âge et la force du malade. Faire des frictions à l'essence térébenthine sur le dos la croupe, le rein et l'épaule. Donner des infusions de café avec eau-de-vie, de thé. Le laudanum, l'éther, le camphre seront indiqués par le vétérinaire seulement, ces boissons antispasmodiques étant d'un emploi à faire à bon escient.

Les coliques affectant les vieux chevaux sont souvent dues à des calculs. On peut les éviter au moyen d'une alimentation spéciale, comme l'avoine cuite, des boissons farineuses, du bon fourrage et pas de paille.

En résumé, les coliques sont une maladie sérieuse, qui doit être traitée sans retard judicieusement et énergiquement.

Ecuries. — L'hygiène des écuries n'est pas à négliger. Celles-ci doivent avoir un volume d'air en rapport avec les animaux qui y sont logés. Elles doivent être éclairées et aérées. Un ou plusieurs tuyaux d'évacuations des odeurs ammoniacales peut ou peuvent communiquer avec le dehors. Les stalles seront larges et munies de séparations ou bas-flancs. A la partie arrière des animaux, il sera établi une sorte de trottoir en béton, muni d'un caniveau pour l'écoulement du purin. Une fois par an, en période non épidémique, l'écurie sera passée au lait de chaux ; et une fois par mois, un bon lavage au crésyl donnera d'excellents résultats

Après des épidémies telles que fièvre aphteuse, maladies de la gorge et des bronches et des autres affections microbiennes, des désinfections énergiques s'imposent.

Entérite. — Maladie de l'intestin provoquée par le froid ou une température trop élevée ainsi que par une nourriture défectueuse. Elle est caractérisée par le manque d'appétit, la diarrhée faisant suite à la constipation. La bouche est sèche et les muqueuses paraissent jaunes. Aliments légers, purgatifs et graine de lin pour les chevaux. Lait, eau de Vichy et purgatifs pour les chiens.

Epilepsie. — Souvent causée par des affections intestinales. Se manifeste par des crises convulsives plus ou moins violentes, et en rapport avec la quantité de parasites qui infecte l'intestin. Presque toujours incurable. Les vermifuges produisent d'excellents effets.

Fièvre aphteuse. — Epidémie ayant des intensités diverses, mais toujours sérieuse, bien qu'elle puisse être combattue par des mesures prophylactiques énergiques. Se reconnaît à la présence d'aphtes, ou petits ulcères affectant la bouche des malades et les faisant baver. Des tumeurs se forment entre les onglons et font boiter les animaux. Maladie très contagieuse dont les soins sont du ressort du vétérinaire. Selon les lois actuelles, tout cas de fièvre aphteuse doit être immédiatement déclaré en mairie.

Fractures. — Cassure des os causée par des coups, des efforts violents ou divers accidents et qui entraîne généralement l'abattage de l'animal. Il n'y a que chez le chien que la fracture puisse être réduite et guérie en quelques semaines.

Maladie des chiens. — Affection contagieuse atteignant surtout les jeunes sujets et caractérisée par une éruption cutanée et un catarrhe de la muqueuse respiratoire. Les principaux symptômes sont la fièvre, le manque d'appétit, la diarrhée, une liquide purulent s'échappe des yeux avec éruption de pustules sur le ventre et sur les cuisses. Bénigne au début cette maladie peut se compliquer de méningite, gastrite, pneumonie, etc., qui peuvent amener la mort. Le traitement consiste en café, thé et huile de foie de morue, avec régime lacté et alimentation plusieurs fois par jour en viande hachée.

Morve. — Maladie spéciale au cheval, au mulet et à l'âne. Elle peut se transmettre à l'homme. La *Morve* a une évolution assez lente. Elle est contagieuse et est considérée comme maladie rédhibitoire. La présence d'un vétérinaire est indispensable dès les premiers symptômes de cette redoutable affection. Tout animal atteint de la morve doit être déclaré en

mairie, abattu et enfoui. Les autorités, peuvent séquestrer les sujets suspects.

Œil. — Les principales maladies de l'œil sont la *Conjonctivite,* ou altération de la muqueuse de l'œil ; la *Kératite,* qui affecte la cornée ; l'*Ophtalmie,* qui intéresse les tissus intra-oculaires ; l'*Amaurose,* qui peut amener la cécité complète ; la *Cataracte,* spéciale aux cristallins des deux yeux. Un spécialiste doit être consulté pour le traitement de ces affections.

Pied. — Les principales maladies du pied sont : chez le cheval, la *Scime,* caractérisée par une fente au sabot, et qui peut être causée par la faiblesse de la corne, une mauvaise ferrure ou une marche trop longue sur des routes dures. Si l'animal ne boite pas, un fer spécial lui sera mis. Dans le cas contraire, employer des cataplasmes.

Le *Crapaud,* ou ramollissement et destruction du sabot en commençant par la fourchette. Cette maladie dangereuse se reconnaît à un écoulement purulent et fétide, à des végétations. Le sabot peut se décoller. Une opération étant ordinairement utile, la présence d'un vétérinaire est indispensable.

La *Fourbure,* résultant d'un travail intensif ou sur le pavé. L'animal a de la fièvre, une respiration courte et pose difficilement ses pieds sur le sol. Dans la *Fourbure aiguë* on peut employer l'usage des bains froids, des purgatifs et même des saignées. s'il y a lieu. Si le mal, ordinairement sans gravité, ne disparaît pas après une douzaine de jours, il peut devenir *chronique* et exige l'emploi d'une ferrure spéciale.

L'*Enclouure* qui provient du manque de soins apportés à la ferrure et fait boiter l'animal. Retirer immédiatement le clou enfoncé dans la partie vive du pied, afin d'empêcher la formation de suppuration. Nettoyer et désinfecter la blessure sur laquelle des cataplasmes seront appliqués. Si le clou incriminé est neuf et non taché de rouille, ces soins et quelques jours de repos feront disparaître cet accident. S'il en était autrement, une opération pourrait être indispensable.

Les piqûres et clous de rue se traitent également par les mêmes méthodes que l'*Enclouure* ; mais comme ces accidents peuvent avoir des suites dangereuses expliquées à l'article « Mesures anti-tétaniques à la ferme », il ne faut pas hésiter à faire venir un vétérinaire dans les cas de blessures par objets sales rouillés, ayant été en contact avec la terre ou avec la poussière des routes.

Poux et puces. — Parasites nuisibles à l'état physique des animaux. Ils causent des démangeaisons, l'inflammation de la peau avec dépilation. L'animal qui en est atteint se frotte partout où il rencontre un corps dur, stalles, arbres, barrières, etc. Il maigrit. Pour faire disparaître ces parasites, comme remèdes externes, on peut employer l'infusion de tabac, la poude de pyrèthre, la benzine ou d'autres préparations spéciales vendues dans le commerce.

Lorsque les animaux sont débarrassés de cette vermine, faire un nettoyage complet des écuries et des harnais.

Vers. — Parasites intestinaux qu'on remarque dans les excréments des animaux et qui peuvent amener des troubles et des malaises importants. On trouve dans les pharmacies et drogueries des vermifuges divers.

Mesures anti-tétaniques à la ferme

Il arrive quelquefois que les chevaux sont blessés au pied par des objets malpropres, des clous de rue, ou que des piqûres leur sont faites accidentellement par des instruments à pointes de métal. Dès qu'on s'aperçoit de cet accident, il convient d'y remédier sans aucun retard en empêchant l'affection microbienne de se déclarer.

Après avoir déferré le cheval, si la blessure est cachée par le fer, on lavera abondamment cette blessure avec de l'eau contenant du crésyl, puis un second lavage à l'eau oxygénée. Mais, pendant que ces soins préliminaires seront effectués, on aura soin de prévenir le vétérinaire, qui viendra faire au plus tôt les piqûres anti-tétaniques indispensables à la conservation de l'animal.

L'agriculteur ne doit pas ignorer que le tétanos est presque toujours mortel, mais que la science actuelle a les moyens de le combattre en agissant de suite.

Gestation des animaux domestiques

Jument — 11 mois et demi, en moyenne ;
Ane — 11 à 12 mois ;
Vache — 9 mois et demi, en moyenne ;
Chèvre — 5 mois ;
Brebis — 5 mois ;
Truie — 3 mois et 20 jours ;
Chienne — 2 mois environ ;
Chatte — 2 mois environ ;
Lapine — 1 mois ;
Oie — 30 jours ;
Canard — 28 jours ;
Poule — 21 jours ;
Pigeon — 20 jours.

LA MÉDECINE USUELLE PAR LES PLANTES

Anis. — L'infusion d'anis convient aux estomacs paresseux ainsi qu'aux personnes atteintes d'indispositions venteuses.

Armoise. — Propriétés toniques et excitantes. On en fait des tisanes, à prendre froides. Convient aux femmes anémiques, dont les règles ne sont pas régulières et ont besoin d'un excitant.

Arnica. — Très populaire, la fleur d'arnica, est employée comme vulnéraire dans les cas d'accidents divers, contusions, foulures, etc. On en fait des infusions à la dose de 5 gr. par litre.

Bourrache. — Très employée dans les affections pulmonaires bénignes et d'un emploi connu. L'infusion de ses fleurs provoque une légère transpiration après un refroidissement ou au début des fièvres éruptives (variole, rougeole, scarlatine). L'infusion doit être prise très chaude pour produire ses bons effets. Prise froide, au lieu de faire transpirer, elle pourrait porter aux urines.

Bourgeons de sapins. — Fournis par l'abies pectinata, arbre de la famille des conifères et non par le Pin maritime appelé à tort sapin. Ces bourgeons doivent leurs propriétés à la résine qu'ils contiennent. On les emploie en tisane, en décoction ou en sirop contre les catarrhes et les bronchites chroniques. En tisane, à la dose de 20 gr. par litre, ils facilitent l'expectoration

Camomille. — Les fleurs, dont on fait des infusions à boire très chaudes, sont à recommander en cas de digestion pénible ou d'autres malaises de l'estomac.

Centaurée. — Petite plante à fleurs roses de la famille des Gentianées, dont les tisanes, très amères s'emploient surtout contre la fièvre intermittente. Dose : 10 gr. de plantes sèches par litre.

Chicorée. — Plante indigène de la famille des Composées. Les racines et les feuilles, en décoction, à la dose de 20 gr. par litre, sont laxatives et dépuratives.

Chiendent. — Tiges souterraines de cette herbe très commune de la famille des Graminées. Coupée en menus morceaux à faire bouillir pendant une vingtaine de minutes, cette tisane est adoucissante et pousse légèrement aux urines. On peut y ajouter du gruau, de l'orge ou de la racine de guimauve.

Citron. — L'acidité du citron convient à l'estomac, et comme assaisonnement, elle est employée dans l'alimentation. Au point de vue médical, le jus pur du citron peut donner de bons résultats dans les maux de gorge compliqués de plaques blanches. Dans ce cas, on l'applique fréquemment, avec un pinceau recourbé, à l'intérieur de la gorge, sur les parties affectées.

Coquelicot. — Jolie fleur des champs, très commune, d'un beau rouge foncé. A des propriétés calmantes et possède, à un faible degré, une petite partie des propriétés de l'opium. Fait partie des quatre fleurs pectorales dont elle est la principale. Les infusions de fleurs sèches de coquelicot sont efficaces contre les rhumes, les irritations de poitrine avec toux répétées. Prises le soir, elles calment la toux et procurent au malade un sommeil tranquille.

Eucalyptus. — Bel arbre élevé de la famille des Myrtacées, croissant surtout dans les pays chauds, en Australie particulièrement. Ses longues feuilles pointues sont employées sèches contre les rhumes et doivent leurs propriétés à une huile irritante. Brûlées dans les chambres des malades atteints d'affection des bronches, elles parfument et désinfectent.

Guimauve. — Plante à composition mucilagineuse, une des plus utiles de la botanique. Les fleurs des tisanes pectorales et adoucissantes, d'un goût agréable. Les racines, bouillies dans de l'eau, rendent celle-ci gluante et épaisse. Elle procure un soulagement dans les parties enflammées sur lesquelles on l'appose, comme compresse. L'eau de guimauve peut aussi s'employer en gargarisme dans les inflammations de la gorge et de la bouche, ainsi qu'en injections et en lavements.

Mélisse. — Jolie plante indigène de la famille des Labiées, possédant des vertus excitantes et vulnéraires. On en fait des infusions à raison de 10 gr. par litre.

Menthe. — Plante très odoriférante de la famille des Labiées, qui doit ses vertus à une essence particulière pour ses propriétés stimulantes. On en tire l'Essence de Menthe et l'Acool de Menthe, ce dernier, très connu et très employé.

Mercuriale. — Plante vulgaire des jardins. S'emploie pour faire des lavements purgatifs à la dose de 50 gr. par litre.

Nénuphar. — On attribue à cette plante des propriétés spéciales, qu'elle n'a pas. Nulle au point de vue médical.

Oranger. — Bel arbrisseau, très décoratif, de la famille des Aurantiacées, croissant en Algérie, en Espagne et dans le Midi de la France. Les fleurs, les feuilles et l'écorce des fruits possèdent une importante proportion d'huile essentielle très odoriférante. Les infusions légères de feuilles d'oranger sont efficaces contre les indigestions et les cas de crises nerveuses. L'eau de fleurs d'orangers, obtenue par distillation, sert à aromatiser les bonbons, les pâtes. les sirops et les desserts.

Orge. — Graminée, dont les semences, ou orge perlé, servent à faire des décoctions adoucissantes pour tisane et gargarisme.

Opium. — Extrait du pavot avant sa maturité. A les propriétés de calmer les douleurs et d'amener le sommeil. L'opium a des propriétés tellement énergiques que son emploi est aussi délicat que dangereux. Il serait très imprudent de le laisser circuler librement dans le public sans que lui, ou ses dérivés, fussent prescrits par un médecin.

Pariétaire. — Plante dont les décoctions un peu forte font uriner avec abondance.

Pavot. — Voyez l'article Opium, ci-avant. Une coutume très mauvaise, et pourtant encore employée, fait donner des décoctions de pavot, aux jeunes enfants, pour les faire dormir. Cette coutume est franchement à condamner et doit disparaître.

Pensée sauvage. — Petite plante des champs employée en tisane et en sirop pour la dépuration du sang.

Plantes utiles. — Les personnes susceptibles de ramasser des plantes pendant l'été, les feront sécher à l'ombre et les conserveront dans un endroit sec, pressées dans des sacs en papier.
Ci-dessous, quelques plantes utiles :
1º Fleurs de *violette*, de *mauve* et de *guimauve*, précieuses pendant la mauvaise saison contre les rhumes et les irritations de la gorge et des bronches.
2º Fleurs de *camomille* et de *tilleul*, salutaires dans les indispositions de l'estomac.
3º Fleurs de *sureau*. Les infusions de cette fleur sont utiles dans les inflammations légères des yeux du nez et de la peau. Mélangées dans des cataplasmes de mie de pain, elles peuvent soulager les érysipèles.
4º Fleurs de *romarin, hysope, lierre terrestre, sauge,, lavande.* Seules, ou mélangées, ces fleurs donnent des infusions recommandables contre les catarrhes des bronches.

Quatre fleurs pectorales. — Fleurs de violettes, coquelicots, mauves et pied-de-chat, en mélange. Souveraines, en infusion, dans les rhumes récents — qu'il ne faut jamais négliger.

Quatre fruits pectoraux. — Dattes, figues, jujubes et raisins. Bouillis dans de l'eau, sont utiles dans les rhumes récents.

Queues de cerises. — Une tisane de 10 gr. de queues de cerises dans un litre d'eau bouillante provoque l'évacuation des urines.

Ronces. — Les feuilles de ronces, en décoction sucrée de miel, constituent un remède populaire bien connu, et sont employées, en gargarisme, dans les maux de gorge. La même décoction, mais non sucrée, peut être utile, en injections, contre les flueurs blanches.

Saponaire. — Genre de caryophyllacées silénées. Plante indigène très employée comme dépurative. Recommandable contre les maladies de la peau et les engorgements internes.

Tisane de genièvre (Juniperus communis). — Dans les traitements des fraîcheurs, des névralgies, des fièvres intermittentes, des douleurs rhumatismales et, en général, de toutes les affections provoquées par le froid ou l'humidité, c'est la tisane de baies de genièvre qui convient le mieux. On peut aussi l'employer, comme boisson, pour des personnes se purgeant pour maladies de la peau.
Dans les temps froids surtout, une infusion très chaude, prise avant de sortir, constitue un préventif contre nombreuses maladies.

Tisane de plantain (Plantago maior). — Conseillée dans les affections intestinales : dévoiement et dysenterie, ainsi que pour crachement et perte de sang. Une poignée de plantes fraîches entières, feuilles et racines, dans un litre d'eau, constitue une excellente tisane à prendre froide.

Tisane pour les nerfs. — Les personnes nerveuses se trouveront bien de prendre des infusions de tilleul ou de feuilles d'oranger. Celles qui redoutent l'épilepsie et dont le système nerveux n'est pas normal — les femmes surtout — auront intérêt à prendre des infusions très fortes de racines de valériane.

Valériane. — Avec les racines de cette plante, on fait des tisanes très utiles dans les maladies nerveuses, des femmes, principalement.

SECOURS AUX NOYES

Nombreuses personnes succombent par asphyxie par submersion, qui auraient pu être sauvées par des soins entendus et suivis dès que les noyés sont retirés de l'eau.

On a vu, en effet, des noyés revenir à la vie après une heure, deux et même trois heures de soins vigilants.

Dès qu'un noyé est sorti de l'eau, il faut le déshabiller promptement, même en coupant les vêtements, et on fait sortir l'eau qui peut se loger dans les voies aériennes en couchant ce noyé sur le ventre, la tête un peu basse.

On aura soin, en même temps, de débarrasser la bouche, les narines et la gorge des mucosités qui pourraient les obstruer.

L'eau étant évacuée, placer la victime sur le dos et l'envelopper de linges chauds, après frictions sèches à la main, sur tout le corps, avec de la laine ou de la flanelle, pour ranimer la circulation et rétablir la chaleur corporelle.

Ces premiers soins étant donnés très rapidement, on cherchera ensuite à rétablir la respiration. Plusieurs moyens sont employés d'une façon efficace.

1° *Par tractions rythmées de la langue.* S'entourer les doigts d'un linge sec et propre. Avec le pouce et l'index, saisir la langue du noyé et la tirer fortement en dehors de la bouche, d'une façon régulière, 15 à 20 fois par minute. Le retour à la vie pouvant demander un temps assez long, pratiquer cette manœuvre avec persévérance et sans découragement.

2° *Par pressions sur les côtés de la poitrine.* Presser avec les mains à plat sur les côtés de la poitrine, et la laisser revenir, de façon à imiter les mouvements de la poitrine lorsqu'elle respire. Ces pressions seront faites d'une façon régulière, mais avec force, comme pour imiter une respiration saccadée. Après un certain temps de ce traitement, si on remarque que l'air circule par la bouche ou le nez, on pourra considérer l'asphyxié comme sauvé ; mais on devra continuer ces mêmes soins jusqu'au retour complet, d'une respiration normale. En tout cas, il convient d'agir avec persévérance.

3° *Par les manœuvres des bras.* La respiration artificielle peut être également provoquée par la manœuvre des bras que l'on élève le plus possible jusqu'à la hauteur de la tête, pour les ramener ensuite le long du corps. Ces mouvements, à faire régulièrement, à raison de 20 fois environ à la minute, ont pour effet de dilater les parois de la poitrine et d'y amener de l'air.

Répétons que tous ces traitements doivent être faits régulièrement et avec persévérance ; car des noyés ainsi soignés, peuvent revenir à la vie après une heure de soins, et même plus.

Mais le moyen le plus sûr de ramener un noyé à la vie, consiste en la respiration de bouche à bouche.

4° *Respiration de bouche à bouche.* Mettant de côté toute répugnance mal placée en pareille occasion, une personne dévouée applique sa bouche sur la bouche du noyé et y insuffle une forte quantité d'air, pour essayer d'amener la dilatation de la poitrine. Ensuite on laisse sortir l'air insufflé et on continue avec régularité comme s'il s'agissait d'une respiration lente et forte. Pendant ces soins, éviter la perte d'air en pinçant les narines du noyé.

Cette respiration artificielle donne ordinairement de bons résultats, en la pratiquant avec régularité et persévérance, sans se décourager de la lenteur du traitement.

La médecine a des moyens plus puissants de ramener les noyés à la vie. Si un médecin se trouve dans le voisinage, ne pas hésiter de demander immédiatement son aide.

Dès que le noyé est rappelé à la vie, on lui donnera un cordial : café, cognac, vin chaud, etc., à lui faire prendre par petites quantités et en plusieurs fois.

NOTIONS D'ARPENTAGE

Les champs, enclos, jardins, ont des formes plus ou moins régulières, depuis le carré, le rectangle, le triangle, jusqu'au polygone à 5 et 6 côtés et plus.

En appelant L. la longueur ; l. la largeur et H. la hauteur, nous savons que la surface d'une pièce s'obtient ainsi :

Carré : le côté multiplié par lui-même (L × L).

Rectangle : la longueur multiplié par la largeur (L × l).

Triangle : la base multipliée par la moitié de la hauteur

$$\frac{(L \times H)}{2}$$

Trapèze : la demi-somme des 2 bases multipliée par la hauteur.

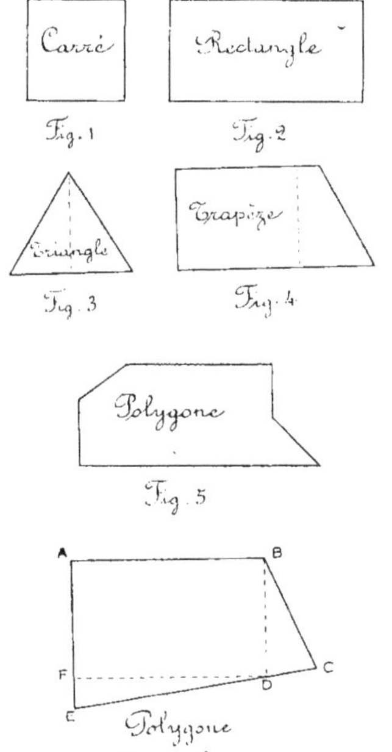

Pour arpenter ce polygone, nous le diviserons, au moyen de jalons en parties géométriques figures 1 à 4. Nous obtiendrons ainsi un rectangle A B D F et deux triangles B C D et D E F.

En additionnant les surfaces de chacune de ces trois figures, nous obtiendrons la surface totale, soit :

1° Rectangle A B D F : A B × B D.

2° Triangle B C D : $\dfrac{D C \times D B}{2}$

3° Triangle D E F : $\dfrac{E F \times F D}{2}$

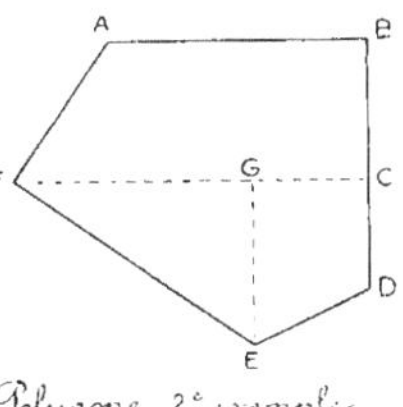

Les jalons étant placés, nous obtenons un trapèze A B C G F, un autre trapèze C D E G et un triangle F G E dont les surfaces respectives ont :

1° Trapèze A B C G F : $\dfrac{F G C + A B}{2} \times B C.$

2° Trapèze C D E G : $\dfrac{E G + C D}{2} \times G C$

3° Triangle F G E : $\dfrac{G E \times G F}{2}$

Nous croyons inutile de continuer ces exemples d'arpentage de polygones. Ceux-ci, quels qu'ils soient, se décomposent toujours, au moyen de jalons en rectangles, triangles ou trapèzes.

Toutefois, pour la pose des jalons, il convient de procéder avec précision. Supposons le polygone A B C D E F G.

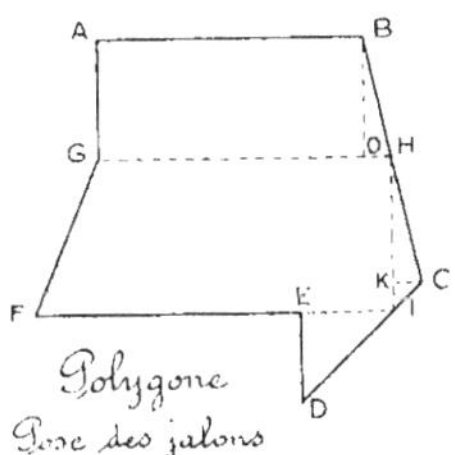

Pose du 1ᵉʳ jalon : Après avoir mesuré la partie A G, nous mesurons la même distance à partir du point B, par une ligne imaginaire faisant angle droit avec la ligne A B et nous nous arrêtons ainsi en O. Ceci fait, nous prolongeons la ligne G O jusqu'à la ligne B C et nous plaçons le jalon au point H.

Nous avons donc déjà un trapèze A B H O G, dont la surface est $\dfrac{G O H + A B}{2} \times G A.$

Pose du 2° jalon : Après avoir mesuré une ligne perpendiculaire à G H pour rejoindre la ligne F E, nous reportons la même distance à partir du jalon H, et toujours à angle droit avec G H, nous posons le 2e jalon au point I, prolongement de la ligne F E. Ceci fait, nous obtenons un 2e trapèze G H I F, dont la surface est

$$\frac{G H + F I}{2} \times H I$$

Pose du 3e jalon : Celui-ci se place au point E et constitue un sommet d'un triangle E I D dont la surface est

$$\frac{E D \times E I}{2}$$

Le jalon I étant déjà posé, il nous reste un triangle I H C ; nous placerons au point K, sur la ligne H I le 1e jalon formant angle droit par H K C, ou hauteur du 2e triangle, dont la surface est

$$\frac{H I \times K C}{2}$$

De ce polygone, nous aurons donc tiré deux trapèzes et deux triangles qui nous donneront la surface totale.

Toutes les opérations d'arpentage partent de ces principes que nous venons d'indiquer brièvement, mais suffisamment, pour que l'agriculteur en tire son profit.

TAXES POSTALES

Règlementation en vigueur à partir du 1er Août 1927

Lettres et paquets-lettres. — (France, Algérie, Tunisie, Maroc et Colonies françaises). Jusqu'à 20 gr., 0,50 ; au dessus de 20 gr. jusqu'à 50 gr., 0,75 ; au dessus de 50 gr. jusqu'à 100 gr., 1 fr. ; au dessus de 100 gr., augmentation de 0,30 par 100 gr.

Poids maximum 1 kg 500. Dimensions maxima 45 % sur chaque côté. Sous forme de rouleau 75 % de longueur sur 10 % de diamètre.

Factures, relevés de comptes, notes d'honoraires, bordereaux d'expéditions, certificats de vie et quittances de retraites ouvrières et paysannes. Sous bande, sous enveloppe ouverte ou sur carte à découvert. Jusqu'à 20 gr., 0.40. Au dessus de 20 gr., tarif des lettres.

Cartes postales ordinaires. — Simples, 0.40. Réponse payée, 0.80.

Cartes postales illustrées. — Avec date, signature et adresse de l'expéditeur, 0.15. Avec date, signature, adresse et 5 mots de correspondance, 0.25. Au dessus de 5 mots de correspondance, 0.40.

Cartes de visite. — Sans indications manuscrites, 0.15. Avec formules de politesse n'excédant pas 5 mots, 0.25, au dessus de 5 mots, 0.50.

Échantillons. — Jusqu'à 50 gr., 0.15 ; de 50 à 100 gr. 0.25, au dessus de 100 gr., augmentation de 0.20 par 100 gr.

Poids maximum, 500 gr. Dimensions maxima, 30 % sur tous côtés, ou 45 % en longueur et les deux autres dimensions ne dépassant pas 15 %.

Imprimés ordinaires. — Jusqu'à 50 gr., 0.15, de 50 gr. à 100 gr., 0.25 ; au dessus de 100 gr., augmentation de 0.20 par 100 gr.

Poids maximum, 3 kgs. Mêmes dimensions que les lettres.

Imprimés urgents. — Prix-courants, mercuriales, cotes de Bourse, lettres de convocation et d'invitation avis de passage, de naissance, de mariage et de décès, épreuves d'imprimeries et copies destinées aux journaux, s'ils portent la mention *urgent* sont soumis à une taxe additionnelle de 0.10 par objet en plus de la taxe des imprimés ordinaires.

Journaux. — Par exemplaire, jusqu'à 60 gr., 2 c. ; de 60 à 75 gr., 3 c. ; au dessus de 75 gr., 1 c. en plus par 25 gr. Poids maximum, 3 kgs. Tarif réduit de moitié pour journaux circulant dans le département où ils sont imprimés et dans les départements limitrophes.

Recommandation. — Droit de 1 fr. pour les lettres et paquets clos, les papiers de commerce et cartes postales ordinaires. Droit de 0.60 pour factures, bordereaux, avis d'expédition, échantillons, imprimés et valeurs à recouvrer.

Envois contre remboursement. — Maximum, 5.000 fr. (500 à 5.000 fr. dans les relations avec les colonies).

Lettres chargées. — Maximum, 20.000 fr. Doivent être scellées par 5 cachets de cire fine avec empreinte particulière à l'expéditeur. Taxe des lettres, 1 fr. de recommandation, assurance 0.40 jusqu'à 1.000 fr. avec augmentation de 0.25 par 1.000 fr. ou fraction de 1.000 fr. excédant.

Boîtes chargées. — Longueur, 30 %, largeur et hauteur, 10 %, épaisseur des parois, 8 %. Papier blanc dessus et dessous, croisé de ficelle, cachets en cire fine avec empreintes particulières à l'expéditeur

Mandats de poste. — Montant illimité pour la France. Zone française du Maroc et colonies françaises 500 à 5.000 fr. Taxe fixe de 0.40 ; jusqu'à 100 fr. 5 c. par 5 fr. ou fraction de 5 fr. ; de 100.01 à 500 fr., 1 fr. pour les premiers 100 fr. et pour le surplus 50 c. par 100 fr. ou fraction de 100 fr. ; de 500.01 à 1.000 fr. 3 fr. pour les premiers 500 fr. et pour le surplus 25 c. par 100 fr. ou fraction de 500 fr. ; au-dessus de 1.000 fr. 4.25 pour les premiers 1.000 fr. et pour le surplus, 25 c. par 250 fr. ou fraction de 250 fr.

Mandat-chèque. — Droit fixe de 0.40.

Mandat-contribution. — Taxe de 0.25 jusqu'à 100 fr., 0.50 de 100,01 à 1,000 fr. ; 1 fr. au-dessus de 1.000 fr.

Mandat télégraphique. — Maximum 5.000 fr. Se renseigner à la Poste.

Caisse Nationale d'Epargne. — Versement de 1 fr. à 12.000 fr. et jusqu'à 30.000 fr. pour les Sociétés de Secours mutuels et les institutions autorisées. Intérêts 3,75 %.

Pour toutes autres opérations, se renseigner dans les Bureaux de Poste.

LES IMPOTS

L'impôt est la somme que chacun paye annuellement comme part contributive aux dépenses publiques.

Nous ne nous occuperons ici que des impôts directs frappant les cultivateurs.

La loi du 31 juillet 1917, entrée en application le 1er janvier 1918 a institué en France un régime fiscal nouveau, qui est essentiellement basé sur les revenus mêmes des contribuables.

Les lois subséquentes ont conservé les principes de la loi du 31 juillet 1917. Elles n'ont fait que modifier les taux de certaines impositions.

La loi du 31 juillet 1917 a modifié l'impôt foncier et supprimé les contributions personnelle et mobilière l'impôt des portes et fenêtres et des patentes en tant que principal de l'impôt. Les centimes additionnels continuent cependant à être calculés et perçus sur le principal au profit des départements et des communes comme par le passé (1). (Un centime additionnel est la centième partie du principal.)

La loi de 1917 a établi une double imposition directe sur les revenus au profit de l'Etat. Les différents revenus classés en un certain nombre de cédules subissent une première imposition variable avec chacun d'eux. Puis, un impôt dit *général sur le revenu* atteint l'ensemble des ressources de chaque contribuable. Il se superpose et s'ajoute donc aux précédents. Il en résulte que le revenu qui provient d'une source déterminée supporte d'abord l'impôt cédulaire établi d'après les formalités indiquées pour sa catégorie, puis l'impôt général puisqu'il rentre dans l'ensemble des revenus servant de base à la perception de cet impôt. A ces deux impôts s'ajoutent encore pour les propriétés bâties et non bâties les centimes additionnels établis sur leur principal ainsi que les centimes additionnels établis sur les anciennes autres contributions (portes et fenêtres, patentes, cote personnelle et mobilière) au profit des départements et des communes, centimes remplacés dans la plupart des villages par des prestations en nature ou en espèces.

Les impôts cédulaires actuels sont :

1º La contribution foncière des propriétés bâties.

2º La contribution foncière des propriétés non bâties.

3º Impôt sur les revenus des valeurs et capitaux mobiliers, des créances, dépôts et cautionnements.

4º Impôt sur les bénéfices industriels et commerciaux.

5º Impôt sur les bénéfices de l'exploitation agricole.

6º Impôt sur les traitements, indemnités et émoluments, salaires, pensions et rentes viagères.

7º Impôt sur les bénéfices des professions non commerciales, (médecins, vétérinaires, notaires, etc...)

Parmi ces impôts cédulaires, nous n'examinerons que ceux qui atteignent l'agriculteur.

1º **Contribution foncière.** — La contribution foncière sur les propriétés bâties, existe depuis longtemps. La base servant à l'établissement de cet impôt est, en principe, établie et vérifiée tous les dix ans. Le revenu imposable est égal aux 3/4 de la valeur locative réelle des bâtiments ruraux et d'habitation (autres que les usines). C'est ainsi qu'une maison dont la location réelle (communiquée à l'Administration) est de 2.000 fr., est cotée pour un revenu net de 2000 — 500 = 1500 fr. Le taux en principal de cette contribution est actuellement de 18 % (loi du 3 août 1926).

2º **La contribution foncière** sur propriétés non bâties, porte sur tous les terrains à l'exception de ceux qui forment des dépendances indispensables et immédiates de bâtiments. Ces derniers terrains, ainsi que ceux à usages commercial et industriel, sont considérés comme faisant partie intégrante de la propriété bâtie et sont réunis à l'impôt précédent.

Le revenu imposable est égal aux 4/5 de la valeur locative réelle des terres. C'est lui qui figure à la matrice cadastrale. (C'est pour rétablir la valeur locative réelle que l'on augmente le revenu imposable d'un quart pour obtenir la base de l'impôt sur les bénéfices agricoles). Jusqu'à la mise en application des résultats de la revision exceptionnelle (loi 13 juillet 1925) ce revenu imposable sera majoré de 75 %.

Exemple : Une parcelle de terre d'un loyer de 500 fr. a un « revenu imposable » des 4/5 de 500 fr., soit 400 fr.,

$$son\ impôt\ foncier\ est\ de : \frac{400 \times 18 \times 75}{100} = 126\ fr.$$

Chaque contribuable fait l'objet d'une cote unique pour toutes les parcelles qu'il possède dans une même commune.

Dégrèvement des petites cotes foncières. — Aux termes de la loi de finances de 1929 les propriétaires exploitants non assujettis à l'impôt général, à condition que le revenu cadastral de leur propriétés non bâties, majoré de 75 %, n'excède pas 1.200 fr., seront exonérés en totalité de l'impôt foncier non bâti si leur cote en principal est égale ou inférieure à 100 fr., et exonérés jusqu'à concurrence de 100 fr. si leur cote dépasse 100 fr.

Pour obtenir le bénéfice des remises prévues au paragraphe précédent, le contribuable devra faire, à la mairie de la commune de son domicile réel, une déclaration écrite (déclaration à faire avant le 1er mars de chaque année), donnant l'indication d'après les documents cadastraux, de toutes les propriétés non bâties qui lui appartiennent et de celles de ces propriétés dont il assure directement l'exploitation. Il devra affirmer en même temps qu'il n'est pas assujetti à l'impôt général sur le revenu ; cette affirmation sera

---

(1) *Les centimes additionnels établis sur les vieilles contributions avant la loi de 1917 au profit de l'Etat ont été supprimés par ladite loi en même temps que le principal de ces impôts.*

Les centimes additionnels établis au profit des départements et communes continuent à être fixés et perçus provisoirement d'après les règles précédemment en vigueur.

tenue pour exacte à moins que la preuve contraire ne soit apportée par l'Administration.

Indépendamment de ces dégrèvements, la loi de 1920 a prévu des réductions spéciales pour charges de famille. Ces dernières réductions étant les mêmes pour tous les impôts cédulaires, nous les examinerons après avoir traité les impôts sur les bénéfices agricoles.

En plus, il est accordé certaines exemptions temporaires à l'agriculture. C'est ainsi que les plantations de bois sur les sommets et les versants des montagnes, sur les dunes et landes sont exonérées d'impôt pendant 30 ans. Les plantations de bois sur terrains défrichés sont exonérées de 75 % de l'impôt foncier. Exonération complète pour 4 ans seulement pour les parcelles de vignes nouvellement plantées ou replantées ou à plants greffés sur place dans les régions phylloxérées.

Pour bénéficier de ces avantages, les demandes doivent être adressées au Préfet du département, dans les trois mois à dater de la publication du rôle de l'année qui suit la plantation. La procédure est la même que pour les demandes en décharge ou en réduction concernant la contribution foncière des propriétés non bâties.

Impôt cédulaire sur les bénéfices de l'exploitation agricole.

Bénéfices assujettis à l'impôt. — L'impôt sur les bénéfices de l'exploitation agricole est destiné à atteindre le revenu que l'exploitation de biens ruraux procure soit aux fermiers métayers et colons partiaires, soit aux propriétaires eux-mêmes en sus du revenu qu'ils retireraient de leurs propriétés s'ils se bornaient à les affermer.

L'impôt est dû par les exploitants dont le bénéfice agricole, déterminé comme il est dit ci-après, est supérieur à 2.500 fr.

Lieu d'imposition. L'impôt est établi au nom des exploitants dans la commune où ceux-ci ont leur habitation au 1er janvier de l'année de l'imposition : il fait l'objet d'une cote unique s'appliquant à l'ensemble de leurs exploitations.

Etablissement de l'impôt. — Pour l'établissement de l'impôt, le bénéfice provenant de l'exploitation agricole est considéré comme égal à la valeur locative des terres exploitées multipliée par le coefficient 3. Ce coefficient est réduit à 2.50 pour les terres cultivées en blé et porté à 5 pour les bois industriels, les pépinières et les cultures maraîchères, florales ou d'ornementation. Jusqu'à l'application de la revision de la propriété non bâtie, les coefficients ci-dessus seront appliqués à la valeur locative cadastrale préalablement majorée de 75 %.

Le bénéfice de chaque exploitant est évalué d'après la consistance des terres qu'il exploite au 1er janvier de l'année de l'imposition.

Les contribuables passibles de l'impôt sur les bénéfices de l'exploitation agricole **n'ont à souscrire aucune déclaration**. Le bénéfice imposable est déterminé par l'Administration en appliquant, pour chaque exploitation, à la valeur locative des terrains qu'elle renferme les coefficients fixés pour l'année de l'imposition, et applicable à tous les départements.

Toutefois, lorsque le produit net d'une exploitation, déduction faite du fermage payé ou, s'il s'agit d'un domaine exploité par le propriétaire, de la valeur locative des terres exploitées, est resté inférieur, pour l'année antérieure à celle de l'imposition, au bénéfice for-

faitaire qui a servi de base au calcul de l'impôt, l'intéressé peut obtenir, en produisant une réclamation après l'établissement du rôle, une réduction correspondante de sa cotisation, à condition de fournir les justifications nécessaires.

Calcul de l'impôt. — La portion du bénéfice imposable n'excédant pas 2.500 fr. est totalement exonérée. La fraction comprise entre 2.500 et 4.000 fr. est comptée pour 1/4, celle comprise entre 4.000 et 8.000 est comptée pour 1/2, le surplus pour la totalité. Le taux de l'impôt est de 12 %.

Soit, par exemple, un contribuable dont le bénéfice imposable s'élève à 6.000 fr.

L'impôt dont il est redevable est calculé de la façon suivante :

Fraction du bénéfice n'excédant pas 2.500 francs. exempte.
Fraction du bénéfice comprise entre 2.500 et 4.000 francs, soit 1.500 francs, comptée pour 1/4.... 375 fr.
Fraction du bénéfice entre 4.000 fr. et 6.000 fr.. soit 2.000 francs, comptée pour 1/2.............. 1.000 —

TOTAL .... 1.375 fr.

$$\text{Montant de l'impôt} : 1.375 \times \frac{12}{100} = 165 \text{ fr.}$$

Terrains d'agrément et terrains destinés à la construction. — Les personnes ayant la jouissance de terrains réservés au pur agrément (parcs, jardins, avenues, pièces d'eau, etc.), ou spécialement aménagées en vue de la chasse, ainsi que celles qui possèdent des terrains non cultivés destinés à la construction, sont passibles de l'impôt sur les bénéfices de l'exploitation agricole à raison d'un revenu évalué suivant le procédé forfaitaire indiqué ci-dessus.

Ce revenu est taxé au taux de 12 %, sans aucune atténuation.

Toutefois, l'impôt n'est pas dû lorsque les terrains d'agrément n'ont pas plus d'un hectare de superficie et ne comportent pas un revenu imposable de plus de 100 fr.

La même exonération est acquise, quelle que soit leur contenance et leur valeur locative, aux parcs et jardins situés dans la partie agglomérée des villes de plus de 5.000 habitants, ainsi qu'aux terrains appartenant aux offices publics d'habitations à bon marché et destinés à la création d'habitations à bon marché, de cités-jardins ou de jardins ouvriers. (Art. 8 de la loi du 5 déc. 1922.)

La valeur locative cadastrale est le revenu net inscrit à la mairie cadastrale augmenté de 1/4. Mais, jusqu'à l'application, dans les rôles, du résultat de la revision exceptionnelle des propriétés non bâties, cette valeur locative est uniformément majorée de 75 %.

Dans ces conditions, la valeur locative qui doit servir à l'établissement de l'impôt sur les bénéfices agricoles est provisoirement égale à :

$$\frac{\text{revenu net} \times 5 \times 175}{4 \times 100}$$

Réductions pour charges de famille opérées sur les impôts cédulaires. — Sur la contribution foncière (part de l'Etat) et sur les autres impôts cédulaires dont il vient d'être question, les contribuables qui ont des charges de famille ont droit à des réductions réglées comme il suit :

1° Pour tout redevable dont le revenu net total, tel

qu'il doit être envisagé pour l'assiette de l'impôt général sur le revenu, ne dépasse pas 10.000 fr., compte tenu des déductions auxquelles l'intéressé a droit à raison de sa situation et de ses charges de famille, le taux de la réduction est de 7,50 % pour chaque personne à sa charge jusqu'à la deuxième, et de 15 % pour chacune des autres personnes à partir de la troisième, sans limitation ;

2° Pour tout contribuable dont le revenu net total après défalcation des mêmes déductions, dépasse 10.000 fr., le taux de la réduction est de 5 % pour chacune des trois premières personnes à sa charge et de 10 % pour chacune des autres à partir de la quatrième, sans que, toutefois, le montant total de la réduction puisse, pour chaque impôt, dépasser 300 fr. par personne à la charge des redevables.

Pour bénéficier des réductions d'impôt correspondant à leurs charges de famille, les contribuables doivent souscrire une déclaration fournissant les renseignements nécessaires pour le calcul des dégrèvements. A cet effet, des formules, qui présentent les indications utiles, sont mises à leur disposition dans les mairies.

Les formules dûment remplies doivent être envoyées sous pli affranchi ou remises au contrôleur des Contributions directes de la commune ou du quartier où les contribuables sont domiciliés.

Les contribuables passibles de l'impôt général sur le revenu joignent à la déclaration qu'ils doivent souscrire pour l'établissement dudit impôt celle qui est relative aux dégrèvements pour charges de famille.

Tant que les indications consignées sur la déclaration n'ont pas cessé d'être exactes, il n'est pas nécessaire de la renouveler. Mais en ce cas de changement concernant le domicile du contribuable, les personnes à sa charge ou les impôts sur lesquels doivent porter les dégrèvements, il est indispensable de produire une nouvelle déclaration.

IMPOT GENERAL SUR LE REVENU

La loi de finances de 1928 a modifié l'assiette et le taux de l'impôt général.

Personnes assujetties à l'impôt. — L'impôt est dû chaque année par les personnes dont le revenu net total, **après application des déductions stipulées par la loi pour charges de famille,** a dépassé pendant l'année précédente la somme de 10.000 fr.

Les collectivités diverses (établissements publics, établissements d'utilité publique, associations, sociétés, etc.), n'y sont pas soumises ; mais, bien entendu, les membres des sociétés de toute nature doivent comprendre dans le décompte de leur revenu personnel, pour l'établissement de l'impôt, leur part de bénéfices dans les opérations de ces sociétés.

Revenu imposable. — Le revenu imposable est formé par le produit total des différentes sources de revenus, gains et profits dont dispose chaque contribuable, *à l'exception toutefois du montant des pensions servies par l'application de la loi du 31 mars 1919 des allocations aux familles nombreuses versées par les employeurs, des intérêts des bons du Trésor et des bons de la Défense à échéance d'un an au plus des arrérages des rentes perpétuelles 4 %* émises en 1925, et sous déduction, d'une part, des frais de dépenses qui grèvent spécialement chacune de ces sources et, d'autre part, des charges affectant l'ensemble des revenus, savoir, d'après l'énumération contenue dans la loi, les intérêts de dettes et d'emprunts, les rentes payées à titre obligatoire, les impôts directs, les pertes résultant d'un déficit d'exploitation dans une entreprise agricole, industrielle ou commerciale.

Les revenus dont il est fait état pour l'établissement de l'impôt sont ceux qui ont été réalisés **au cours de l'année précédente.**

Chaque chef de famille est imposable pour ses revenus personnels et pour ceux de sa femme, sauf dans le cas où celle-ci, étant séparée de biens, ne vit pas avec son mari.

Il est également imposable pour les revenus personnels de ses enfants et des autres membres de sa famille vivant avec lui, à moins qu'il ne préfère demander que ceux-ci soient traités comme des contribuables distincts.

Avantages accordés en raison de la situation et des charges de famille. — Si le contribuable est **marié,** il a droit à une réduction spéciale de 3.000 fr. sur son revenu total, si sa femme n'a ni salaire ni revenus personnels. Cette déduction est également acquise aux contribuables **veufs** *ayant à leur charge un ou plusieurs enfants* issus de leur mariage avec leur conjoint décédé.

S'il a des **personnes à sa charge** (*ascendants : père, mère, grand-père, grand'mère, beau-père, belle-mère, âgés de plus de 70 ans* (1) *ou infirmes ; descendants : fils, fille, petit-fils, petite-fille et enfants adoptés ou recueillis, âgés de moins de 21 ans ou infirmes*), le contribuable a droit à une déduction qui est de 2.000 fr. par personne à sa charge jusqu'à la 5°, 3.000 pour chaque personne à partir de la 6° et pour chaque enfant au-dessous de 21 ans resté à la charge de ses parents jusqu'au 2° et à 1.000 pour chacun desdits enfants à partir du 3°.

Chaque contribuable n'étant passible de l'impôt que si son revenu total excède 10.000 fr., après application préalable des déductions qui viennent d'être indiquées, il s'ensuit qu'*en fait un contribuable marié n'est imposable que si son revenu réel dépasse 13.000 fr., lorsqu'il n'a aucune personne à sa charge ; 15.000 fr., quand il a un enfant mineur ; 18.000 frs., quand il a deux enfants ; 23.000 fr., quand il a trois enfants et ainsi de suite.*

De plus, les contribuables qui restent soumis à l'impôt ont droit à des réductions pour charges de famille, calculées comme il a été dit ci-dessus (voir page 90) avec cette seule différence que, pour les personnes dont le revenu net total, défalcation faite des déductions motivées par la situation et les charges de famille, dépasse 10.000 fr., le montant de la déduction ne peut pas dépasser 2.000 fr. par personne à leur charge.

Calcul de l'impôt. — Le revenu net, préalablement diminué du montant des déductions prévues en faveur des contribuables mariés et ayant des charges de famille est taxé de la manière suivante :

(1) Cet âge est abaissé à 60 *ans à l'égard des femmes veuves qui vivent sous le même toit que leur fils ou leur fille et sont à leur charge exclusive.*

Toute fraction du revenu inférieure à 100 fr. est négligée.

La partie inférieure à 10.000 **fr.** est entièrement exonérée.

La fraction comprise entre 10.000 et 20.000 **fr.** est comptée pour 1 /25.

La fraction comprise entre 20.000 et 30.000 fr., pour 2 /25 et ainsi de suite en augmentant d'un vingt-cinquième par tranche de 10.000 fr. jusqu'à 100.000 fr., par tranche de 25.000 fr. jusqu'à 400.000 fr. et par tranche de 50.000 fr. jusqu'à 550.000 fr. : la fraction du revenu excédant 550.000 fr. est comptée pour l'intégralité. L'impôt est égal au tiers du revenu taxable ainsi obtenu.

Majorations applicables à certaines catégories de contribuables qui n'ont pas de charges de famille. — Le montant de l'impôt général sur le revenu est majoré de 25 % pour les contribuables âgés de plus de 30 ans qui sont célibataires ou divorcés et qui n'ont aucune personne à leur charge.

Il est majoré de 10 % pour les contribuables âgés de plus de 30 ans, mariés depuis deux ans au 1er janvier de l'année de l'imposition, si, à cette même date, ils n'ont pas d'enfants et n'ont, par ailleurs, aucune personne à leur charge.

Ces majorations ne sont toutefois pas applicables aux contribuables titulaires, en vertu de la loi du 31 mars 1919, d'une pension d'invalidité de 40 % et au-dessus, ni aux contribuables dont tous les enfants sont morts à la guerre.

Les contribuables qui rentrent dans les catégories visées fournissent dans leur déclaration, en se conformant aux indications de la formule, les renseignements nécessaires en vue de l'application des dispositions ci-dessus.

| CHIFFRE | MONTANT DE L'IMPOT | | |
| | DÛ PAR UN CONTRIBUABLE | | |
DU REVENU TOTAL	célibataire âgé de plus de 30 ans sans charges de famille	marié âgé de plus de 30 ans sans enfant ni charge de famille	marié avec 3 enfants mineurs
francs.	francs	francs.	francs.
10.000	»	»	»
12.000	33.33	»	»
15.000	83.33	29.32	»
20.000	166.65	102.66	»
25.000	250 »	220 »	20 »
30.000	666.66	269.32	93.33
50.000	1.666.66	1.540 »	810 »
100.000	6.000 »	5.236 »	3.440 »
150.000	16.782 »	14.300 »	11.050 »
200.000	26.666 »	23.422 »	17.952 »
500.000	130.427 »	114.766 »	88.683 »

Déclaration. — Le contribuable est obligatoirement tenu de souscrire et de renouveler chaque année une déclaration du chiffre de son revenu total, avec l'indication, par nature de revenus, des éléments qui la composent. Cette déclaration est souscrite sous la foi du serment.

Taxation d'office. — Le contribuable qui ne produit pas de déclaration dans le délai légal ou qui s'abstient de répondre à la demande d'éclaircissements du contrôleur est taxé d'office.

Majorations et suppléments d'impôt. — Le montant de l'impôt dû par le contribuable qui n'a pas souscrit de déclaration dans le délai fixé est majoré de 25 %.

P. S. — *Pour tous renseignements sur les impôts, déclarations, réclamations, etc., s'adresser au journal l'Echo Fiscal, 40, rue du Breuil, à Vesoul (Haute-Saône).*

Sommes à payer pour heures ou journées.

Prix	NOMBRE D'HEURES OU DE JOURNÉES												
	1/4	1/2	3/4	1	2	3	4	5	6	7	10	15	30
0.25	0.06	0.12	0.19	0.25	0.50	0.75	1 »	1.25	1.50	1.75	2.50	3.75	7.50
0.50	0.12	0.25	0.38	0.50	1	1.50	2 »	2.50	3 »	3.50	5 »	7.50	15 »
0.75	0.19	0.38	0.56	0.75	1.50	2.25	3 »	3.75	4.50	5.25	7.50	11.25	22.50
1	0.25	0.50	0.75	1 »	2	3	4 »	5 »	6 »	7 »	10 »	15 »	30 »
1.25	0.31	0.63	0.94	1.25	2.50	3.75	5 »	6.25	7.50	8.75	12.50	18.75	37.50
1.50	0.37	0.75	1.13	1.50	3	4.50	6 »	7.50	9 »	10.50	15 »	22.50	45 »
1.75	0.44	0.88	1.31	1.75	3.50	5.25	7 »	8.75	10.50	12.25	17.50	26.25	52.50
2 »	0.50	1 »	1.50	2 »	4 »	6 »	8 »	10 »	12 »	14 »	20 »	30 »	60 »
2.25	0.56	1.12	1.69	2.25	4.50	6.75	9 »	11.25	13.50	15.75	22.50	33.75	67.50
2.50	0.62	1.25	1.88	2.50	5 »	7.50	10 »	12.50	15 »	17.50	25 »	37.50	75 »
2.75	0.69	1.38	2.06	2.75	5.50	8.25	11 »	13.75	16.50	19.25	27.50	41.25	82.50
3 »	0.75	1.50	2.25	3 »	6 »	9 »	12 »	15 »	18 »	21 »	30 »	45 »	90 »
3.25	0.82	1.63	2.43	3.25	6.50	9 75	13 »	16.25	19.50	22.76	32.50	48.75	97.50
3.50	0.88	1.75	2.53	3.50	7 »	10.50	14 »	17.50	21 »	24.50	35 »	52.50	105 »
3.75	0.94	1.88	2.82	3.75	7.50	11.25	15 »	18.75	22.50	26.25	37.50	56.25	112.50
4 »	1 »	2 »	3 »	4 »	8 »	12 »	16 »	20 »	24 »	28 »	40 »	60 »	120 »
4.25	1.07	2.13	3.20	4.25	8.50	12.75	17 »	21.25	25.50	29.75	42.50	63.75	127.50
4.50	1.13	2.25	3.38	4.50	9 »	13.50	18 »	22.50	27 »	31.50	45 »	67.50	135 »
4.75	1.19	2.38	3.57	4.75	9.50	14.25	19 »	23.75	28.50	33.25	47.50	71.25	142.50
5 »	1.25	2.50	3.75	5 »	10 »	15 »	20 »	25 »	30 »	35 »	50 »	75 »	150 »
6 »	1.50	3 »	4.50	6 »	12 »	18 »	24 »	30 »	36 »	42 »	60 »	90 »	180 »
7 »	1.75	3.50	5.25	7 »	14 »	21 »	28 »	35 »	42 »	49 »	70 »	105 »	210 »
8 »	2 »	4 »	6 »	8 »	16 »	24 »	32 »	40 »	48 »	56 »	80 »	120 »	240 »
9 »	2 25	4 50	6.75	9 »	18 »	27 »	36 »	45 »	54 »	63 »	90 »	135 »	270 »
10 »	2.50	5 »	7.50	10 »	20 »	30 »	40 »	50 »	60 »	70 »	100 »	150 »	300 »
11 »	2.75	5.50	8.25	11 »	22 »	33 »	44 »	55 »	66 »	77 »	110 »	165 »	330 »
12 »	3 »	6 »	9 »	12 »	24 »	36 »	48 »	60 »	72 »	84 »	120 »	180 »	360 »
13 »	3.25	6.50	9.75	13 »	26 »	39 »	52 »	65 »	78 »	91 »	130 »	195 »	390 »
14 »	3.50	7 »	10.50	14 »	28 »	42 »	56 »	70 »	84 »	98 »	140 »	210 »	420 »
15 »	3.75	7.50	11.25	15 »	30 »	45 »	60 »	75 »	90 »	105 »	150 »	225 »	450 »
16 »	4 »	8 »	12 »	16 »	32 »	48 »	64 »	80 »	96 »	112 »	160 »	240 »	480 »
17 »	4.25	8.50	12.75	17 »	34 »	51 »	68 »	85 »	102 »	119 »	170 »	255 »	510 »
18 »	4.50	9 »	13.50	18 »	36 »	54 »	72 »	90 »	108 »	126 »	180 »	270 »	540 »
19 »	4.75	9.50	14.25	19 »	38 »	57 »	76 »	95 »	114 »	133 »	190 »	285 »	570 »
20 »	5 »	10 »	15 »	20 »	40 »	60 »	80 »	100 »	120 »	140 »	200 »	300 »	600 »

NOTA. — Si le prix à régler, ou le nombre d'heures ou journées à payer, n'existaient pas dans notre tableau, additionner deux chiffres pour les obtenir et totaliser les résultats.

Exemple 7 journées à 21.25 : 7 j. à 20.00 = 140 + 7 j. à 1.25 = 8.75. Total : 168.75.
13 heures à 3.75 : 10 h. à 3.75 = 37.50 + 3 h. à 3.75 = 11.25. Total : 48.75.

REGIME DES COLIS AGRICOLES

Les colis agricoles dont le poids n'excède pas quarante kilogrammes sont expédiés d'une gare quelconque à une gare quelconque par les réseaux des chemins de fer d'Alsace et de Lorraine, de l'Est, de l'État, du Midi, de Paris à Orléans, de P.-L.-M. et des Ceintures de Paris.

Désignation des marchandises admises au régime. — Animaux abattus (agneaux, chevreaux, cochons de lait, pigeons, volailles) ; beurres, champignons frais, charcuterie, coquillages frais, cornichons frais, crème, crustacés, escargots, fromages, fruits frais (citrons, fraises, olives, oranges, raisins, etc...), gibier abattu, graisses (margarine, saindoux, suif frais), huîtres, lait, légumes frais, melons, miel, œufs, poissons, viandes.

Expédition. — Les colis agricoles doivent être remis en gare au départ. Leur affranchissement par l'expéditeur est obligatoire. L'expéditeur est tenu d'apposer sur chacun des colis une étiquette fixée de manière à ne pouvoir se détacher en cours de route et indiquant la gare de destination. Le nom et l'adresse du destinataire et, s'il y a lieu le montant du *remboursement* doivent être également inscrits au choix de l'expéditeur, soit à découvert, soit sous un repli de l'étiquette clos avec soin.

Déclarations pour l'octroi. — Pour les colis agricoles qui contiennent des denrées soumises, à destination, à des droits d'octroi, les expéditeurs doivent remettre à la gare de départ, une déclaration entièrement libellée et signée par eux et indiquant le poids net de chaque espèce de ces denrées.

Remboursements. — L'expédition d'un colis grevé de remboursement exige la remise d'un avis d'encaissement du régime des colis postaux.

Etat de la marchandise et conditionnement. — Les denrées doivent être remises dans un état qui leur permette de supporter un délai supplémentaire de douze heures, sans détérioration par excès de maturation ou d'avancement. Elles doivent être contenues soit dans des récipients métalliques, soit dans des sacs, soit dans des caisses ou caissettes en bois plein ou à clairevoie, sans saillies, soit dans des paniers permettant l'empilage sans nuire à la marchandise. Les dimensions des colis ne peuvent excéder un mètre sur chacune de leurs faces. Les colis doivent être emballés d'une manière qui réponde à la durée du transport et qui préserve assez efficacement le contenu pour qu'il soit impossible d'y porter atteinte sans laisser trace de violation. En particulier, les toiles qui enveloppent les viandes doivent être cousues.

Transport. — Le transport a lieu par des trains spécialement désignés par les administrations de chemins de fer et dont les horaires sont portés à la connaissance du public. Les gares ne sont pas tenues d'accepter pour un train donné les expéditions remises moins de trois heures avant le départ de ce train. Leur refus d'acceptation doit être constaté par une mention portée sur le bulletin d'expédition et sur le récépissé ; à défaut de cette mention, le transport est considéré comme ayant été effectué par le premier train utile dont l'heure de départ suit l'heure de la remise.

Retards. — En cas de retard de plus de trois heures préjudiciable aux expéditeurs ou aux destinataires, il pourra être réclamé :

Pour un retard de trois à quatre heures, la remise du tiers du prix du transport ;

Pour un retard de plus de quatre heures, la remise des deux tiers du prix du transport ;

Pour un retard de plus de six heures, la remise de la totalité du prix du transport.

Les retards inférieurs à trois heures ne donnent pas lieu à aucune retenue. D'autre part, les droits des expéditeurs et des destinataires sont réservés dans le cas où le retard excéderait douze heures.

Les retards dans la livraison des colis agricoles sont comptés d'après l'heure réglementaire d'arrivée du train utile. S'il est mis en marche des trains supplémentaires, doublant, triplant, etc., le train utile, l'expédition est toujours considérée comme faite par le dernier de ces trains.

PRIX DE TRANSPORT (Timbre non compris)

Avis important. — Ces prix sont applicables aux expéditions faites entre gares d'un même réseau comme aux expéditions faites entre gares de réseaux différents.

POIDS DES COLIS	DISTANCES							
	De 0 à 100 kil.	De 101 à 150 kil.	De 151 à 200 kil.	De 201 à 250 kil.	De 251 à 300 kil.	De 301 à 400 kil.	De 401 à 700 kil.	Au delà de 700 k.
	fr. c.	fr. c.	fr. c.	fr. c.	fr. c.	fr. c.	fr. c.	fr. c.
Jusqu'à 20 kilogr..............	14.70	14.70	14.70	16.95	16.95	19.15	21.40	22.10
Au-dessus de :								
20 kg. jusqu'à 30 kil.............	17.35	17.35	19.60	23.05	23.05	26.25	29.70	30.45
30 kg. jusqu'à 40 kil	19.95	22.20	24.40	26.65	28.85	33.30	37.75	39.20

Le présent tarif n'est applicable qu'aux denrées dont la valeur ne dépasse pas 15 fr. le kilogr.

CALCULS D'INTÉRÊTS

Tableau des intérêts composés de 1 franc en 20 ans

Les longs calculs des intérêts composés peuvent s'effectuer en quelques minutes à l'aide du tableau ci-dessous.

Exemple. — Que devient la somme de 120 francs, placée à intérêts composés, durant 16 ans, à 4 ½ % ?

Solution. — Au bout de 16 ans, à 4 ½ %, 1 franc vaut 2 fr. 0224. La somme de 120 francs vaudra donc 2 fr. 0224 × 120 = **242 fr. 68**.

ANNÉES	3 ½ %	4 %	4 ½ %	5 %	5 ½ %	6 %	6 ½ %
1	1.0350	1.0400	1.0450	1.0500	1.0550	1.0600	1.0650
2	1.0712	1.0816	1.0920	1.1025	1.1130	1.1236	1.1341
3	1.1087	1.1248	1.1411	1.1576	1.1742	1.1910	1.2078
4	1.1475	1.1698	1.1925	1.2135	1.2388	1.2625	1.2860
5	1.1877	1.2166	1.2462	1.2763	1.3069	1.3382	1.3693
6	1.2292	1.2652	1.3022	1.3400	1.3788	1.4184	1.4583
7	1.2723	1.3158	1.3608	1.4071	1.4546	1.5035	1.5530
8	1.3168	1.3684	1.4221	1.4774	1.5346	1.5937	1.6539
9	1.3629	1.4231	1.4861	1.5513	1.6190	1.6893	1.7613
10	1.4106	1.4801	1.5529	1.6289	1.7080	1.7907	1.8757
11	1.4600	1.5393	1.6228	1.7103	1.8019	1.8981	1.9975
12	1.5110	1.6009	1.6959	1.7958	1.9010	2.0120	2.1273
13	1.5639	1.6650	1.7722	1.8856	2.0056	2.1327	2.2655
14	1.6187	1.7316	1.8519	1.9799	2.1159	2.2607	2.4127
15	1.6753	1.8009	1.9353	2.0789	2.2322	2.3963	2.5695
16	1.7340	1.8730	2.0224	2.1829	2.3550	2.5401	2.7365
17	1.7947	1.9479	2.1134	2.2920	2.4845	2.6925	2.9143
18	1.8575	2.0258	2.2085	2.4066	2.6211	2.8540	3.1037
19	1.9225	2.1068	2.3078	2.5269	2.7653	3.0252	3.3054
20	1.9898	2.1911	2.4117	2.6533	2.9173	3.2067	3.5203

Formules pour le calcul des intérêts simples

(Année commerciale de 360 jours)

t = taux ; c = capital ; n = nombre d'années, de mois ou de jours.

$$\text{Intérêt d'un an} = \frac{tc}{100}$$

$$\text{Intérêt de plusieurs jours} = \frac{tcn}{100 \times 12}$$

$$\text{Intérêt de plusieurs années} = \frac{tcn}{100}$$

$$\text{Intérêt de plusieurs mois} = \frac{tcn}{100 \times 360}$$

IMPOTS

— Quelques Ouvrages utiles à Tous —

LES PRINCIPALES MALADIES DE LA BASSE-COUR ET LEUR TRAITEMENT (*Volailles et lapins*), par **G. Moussu**. — Causes, description, diagnostic et traitement des principales maladies. Cet ouvrage contient de nombreuses gravures qui rendront de grands services aux éleveurs et deux planches en couleurs pour le diagnostic des affections les plus fréquentes. Spécialement recommandé aux aviculteurs.
Un volume broché 12 × 19 de 260 pages, 2 planches en couleurs. Broché : 14 fr.

MA PRATIQUE DES CONSERVES DE FRUITS ET LÉGUMES ET DE QUELQUES AUTRES ALIMENTS, par Mlle Maraval. Un volume in-16, 250 pages et 40 illustrations : 15 fr.
Conservation par la chaleur en récipients non hermétiquement clos. — Conservation : par le froid, à l'abri des variations de température, par dessication, par enrobage, par le sel, le vinaigre, l'alcool, etc. — Conservation en vases clos. Recettes d'entremets, desserts, liqueurs.

LE FERMIER ÉLECTRICIEN. *Comment installer seul l'électricité chez soi* : par R. Champly, mécanicien-électricien. Un volume 12 × 19 de 216 pages avec 275 figures et 12 photographies. Broché : 12 fr.
L'électricité est partout utilisée. Il faut pouvoir effectuer soi-même des réparations faciles. Ce livre donne toutes les indications requises pour y réussir.
Courant électrique ses effets. Devis d'installation. Répartition des lampes. Fils conducteurs. Isolateurs. Interrupteurs. Coupe-circuit, fils fusibles. Pose de lignes. Éclairage et force. Appareils mobiles, moteurs, pose, pannes. Courroies, poulies. Recharge d'accumulateurs. Accidents aux personnes. Sonneries et téléphones domestiques, etc.

LA CULTURE DES PLANTES EN POTS, par A. Petit.
Un volume 12 × 19 de 158 pages. Broché : 9 fr.
La culture en pots et le développement des plantes. Influence de la capacité des récipients employés. Pratique des rempotages. Pincement des boutures. Arrosage des plantes en pots. Choix des terres pour la culture en pots. Engrais et culture en pots, etc.

L'ART DE BOUTURER, par A. Van den Heede.
Un ouvrage de 416 pages avec de nombreuses figures. Broché : 18 fr.
Cette nouvelle édition d'un travail qui a eu le plus grand succès a été instamment réclamée par les horticulteurs, car elle donne de nombreux tours de main et petits secrets de métier sans lesquels, dans beaucoup de cas, il n'est pas possible de réussir certaines boutures.

LES PROFESSIONS AGRICOLES. — *Ce qu'elles sont. Comment s'y préparer. Comment y réussir*, par J. Ponsard.
Un volume 12 × 19 de 330 pages, broché : 15 fr.
Ouvrage indispensable à toute personne désireuse d'entrer dans la carrière agricole, aux pères de familles, aux éducateurs. Avantages et inconvénients du métier. Rôle des capitaux en agriculture. La préparation. Situations nécessitant ou ne nécessitant pas l'apport de capitaux. Carrières annexes de l'agriculture. Carrières agricoles féminines. L'enseignement agricole avec renseignement sur toutes les écoles agricoles publiques ou privées.

L'ASPERGE, *culture naturelle et artificielle*, par F. Lesourd et Loisel. (Édition complètement transformée et mise au point.)
Un volume in-12 de 141 pages avec 46 figures : 7 fr.
Origine, semis, plantation, récoltes, cultures diverses, emballage et transport des griffes, ennemis des asperges.

LE MELON, *suivi de la culture de la Pastèque et du Concombre* par Poteat et Loisel.
Un volume in-18 de 180 pages avec 49 figures. *Complètement remanié et mis à jour*. Broché : 9 fr.
Culture sous cloches, sur buttes et sur couches, arrosements, abris, fécondation, récolte, maladies, animaux et insectes nuisibles, grêle ; culture sous châssis.

POULES QUI PONDENT POULES QUI PAIENT (*Méthodes d'Aviculture Anglo-Américaines*) par Ad. J. Charon.
Un volume de 260 pages avec 60 photos (5e *Édition*). Le plus répandu et le plus goûté de tous les livres d'Aviculture. Prix broché : 14 fr.
24 chapitres dont voici les principaux : Comment débuter. L'industrie de l'œuf en Amérique. Les femmes en Aviculture. Les moyens d'avoir plus d'œufs. La sélection. La création d'une lignée. L'Alimentation. Étude d'une ration type. Le logement. Combien de temps faut-il garder ses poules. La ponte d'hiver et l'éclairage artificiel. Le choix des bonnes pondeuses par les caractères physiques. Maladies des poules. Rajeunissement des vieilles pondeuses. Le sexe des œufs.

LAPIN, LAPEREAUX ET Cie (*Bilan, dividendes, petits secrets de succès et d'élevage*), par Ad. J. Charon, 2e *édition*.
Un volume de 280 pages avec 78 figures. Broché : 14 fr.
Est-il possible d'élever des lapins avec profit ? Peut-on éviter dans le plus grand nombre de cas, la mortalité qui décime les élevages ? A ces deux questions capitales et à beaucoup d'autres également importantes, l'auteur donne les solutions qui sont dictées par la science moderne.
Voici un aperçu de quelques chapitres : Les grands élevages d'Angleterre. — Compte profits et pertes. — Ce que mange un lapin. — Ce qu'il produit. — Consommation aux différents âges. — Prix de revient du kilog. de poids vif. — Choix des reproducteurs. — La guérison du gros ventre. — Le logement, le rationnement, la mue, etc.

ABEILLES PRODUCTIVES, RUCHERS MODERNES, *toutes les méthodes, tous les systèmes*, par M. Arnould.
Un volume in-18 de 262 pages avec 83 photogravures ou gravures et une couverture en trois couleurs. Broché : 14 fr.
Dans l'élevage des abeilles, la multiplicité des systèmes proposés déroute souvent les débutants. L'auteur donne un traité à la fois complet et simple : il envisage tout ce que comporte la pratique quotidienne de l'élevage apicole, et la mise au point des différents systèmes.

MONOGRAPHIE DES RACES DE POULES, par L. Bréchemin.
Un volume in-18 de 376 pages avec 100 gravures. Broché : 14 fr.
Ce livre, qui représente près de vingt années de travail et d'observations, est le seul de ce genre existant en France : il comprend l'étude complète de toutes nos races *de poules domestiques et d'agrément*. Tous les éleveurs qui le posséderont pourront aisément faire un choix raisonné des races qui leur conviennent le mieux.

LE PORC, *races, élevage, exploitation*, par Gouin R. (*Nouv. Bque du Cult.*). — Les races de porcs. — Élevage. — Engraissement. — Alimentation. — Aliments usuels. — Encouragements à l'élevage. — Production et commerce. — 1 vol. 160 pages et 17 fig. (*Nouvelle édition*), 7 fr.

LES VERGERS. — *Production commerciale et ménagère des fruits en plein vent*, par G. Bellair. — Marché des fruits. Vergers. Vergers-Potagers. Fumure des arbres fruitiers. Étude détaillée des abricotiers, cerisiers, pruniers, pêchers, pommiers, cognassiers, noyers châtaigniers, amandiers, noisetiers, vigne, groseilliers, framboisiers. Commerce des fruits. Séchage : Verger familial. Maladie. — Un vol. 12 × 18,5 de 318 pages et 60 figures. Couverture en couleurs, broché : 15 fr.

LA CHÈVRE, par Huart du Plessis. (*Nouv. Bibl. du Cult.*). — Origines, races diverses, la chèvrerie, multiplication, maladies, lait, fromages, viande, fumier. — 1 vol. in-18 de 164 pages avec 42 figures. Prix : 7 fr.

LA VACHE LAITIÈRE, par Dechambre P. — La formation du lait. Les races bovines laitières. Du rôle de la sélection dans l'amélioration des races bovines exploitées pour le lait et le beurre. Hygiène de la vache laitière. Régime alimentaire des vaches laitières. Les divers modes d'exploitation de la vache laitière. La récolte du lait. La castration de la vache. De quelques maladies des vaches laitières. — Un vol. in-12 illustré : 20 fr.

CULTURE POTAGÈRE, par Vercier. — État actuel de la culture maraîchère en France et possibilité de la développer. — Travaux de jardinage que doit connaître l'amateur, trucs du métier. — Production, récolte, emballage, vente et conservation des légumes. — Culture des légumes usuels. — Les travaux à faire mois par mois. — 1 vol. in-16 de 402 pages : 12 fr.

MA PRATIQUE DES CULTURES POTAGÈRES, par Richart Gérard et Charpentier (1 *vol. de la Bibl. hort.*). — Guide indispensable à tous les possesseurs de potagers ou de petits jardins. — 1 vol. de 156 pages avec 27 fig. : 8 fr.

SOUS-PRODUITS DE LA BASSE-COUR ET DU CLAPIER, par Mme Babet-Charton. — Comment il faut entendre leurs utilisations. *Les plumes.* Les races de volailles à élever. Comment on peut par l'élevage améliorer ses produits. Description des différentes sortes de plumes. Plumaison des volailles vivantes. Soins à donner aux plumes pour les conserver. Résultat pécuniaire de la vente des plumes et utilisation ménagère. — *Le poil.* Les races à élever. Comment diriger l'élevage en vue de la fourrure. Sacrifice de la bête et préparation de la peau. Classement des peaux et résultats pécuniaires de la vente. Utilisation ménagère des peaux. Préparation de la fourrure, etc., etc.— 1 vol. in-16 de 206 pages avec gravures : 8 fr.

LE FERMIER MÉCANICIEN, par R. Champy. — (Pour faire soi-même les réparations urgentes). Destiné à permettre aux agriculteurs un peu adroits de faire les réparations faciles. Voici l'énumération des principaux chapitres de l'ouvrage : Notions de mécanique. Appareils de levage. Affûtage des outils. Travail des métaux. Vis et boulons. Soudures et brasures. Travaux du ferblantier-zingueur. Étamage des casseroles. Tamponnage dans les murs. Scellements. Pentures et verrous. Cintrage des tubes. Épissure. Chaînes: leur réparation. Réparation des clavetages. Réparation des objets en fonte, en terre réfractaire, des coussinets. Graissage et entretien des machines. Joints de tuyaux. Peinture des métaux. Transmission de mouvement aux machines agricoles. — Un volume 12 × 19 de 236 pages et 260 figures. Broché : 12 fr.

ÉLÉMENTS D'ECONOMIE FORESTIÈRE, par L. Pardé, Conservateur des Eaux et Forêts. — Véritable traité de Sylviculture indispensable à tous les propriétaires de bois, cet ouvrage étudie l'arbre, les essences, les peuplements, puis le traitement et l'aménagement de la forêt, traitements en futaies, traitements en taillis, transformations, conversions, élagages, émondages, repeuplements artificiels, protection de la forêt contre les agents atmosphériques, contre les animaux et les végétaux, la reconstitution et le repeuplement artificiel des forêts, les opérations de boisement, l'estimation et la vente des coupes, etc. — Un ouvrage 14 × 19 de 364 pages avec figures et 26 planches. Broché : 14 fr.

LE MOUTON DE RAPPORT, par H. Girard et G. Jannin. — (2e édition). C'est le Guide de l'éleveur pour le choix de la race, l'étude du rationnement, la création d'un troupeau, les maladies la vente de la laine, etc. — Un volume 12 × 19 de 380 pages. Broché : 15 fr.

ZOOTECHNIE GENERALE, par P. Dechambre. — Tome I. — Ouvrage classique dans le monde entier. Traite de : l'Individu. Les Caractères sexuels. La Variation. L'Hérédité. Le Mendelisme. La Race. La Consanguinité. La Sélection. Croisement. Métissage. Hybridation. La production du lait, de la viande et du travail. La classification des races, etc. — Un vol. 12 × 18 cartonné toile de 604 pages. 33 fr.

LE SOURCIER MODERNE, par H. de France. (Manuel de l'opérateur.) — Comment avec la baguette du Sourcier trouver l'eau les minerais, les souterrains ? C'est ce que l'auteur explique grâce

à son expérience personnelle. — Un volume de 12 × 19 de 158 pages. Broché : 10 fr.

PRECIS DE CULTURE DES CEREALES, par E. Rabaté. — Cet ouvrage est conçu sur un plan tout à fait nouveau et destiné à mettre rapidement au courant des dernières vues sur cette culture.

Enumération des chapitres : Examen méthodique d'un grain de blé, appréciation de sa valeur. Semailles d'automne. Le blé en hiver. Le blé au printemps. La moisson du blé. Le seigle. La sélection de l'orge. L'orge de brasserie. Le grain d'avoine. La production de l'avoine. Le sarrazin. L'amélioration du maïs. La culture du maïs-grain. — Un volume 12 × 19 de 210 pages avec gravures. Broché : 7 fr.

CULTURE DE LA CHICOREE DE BRUXELLES, par Simon. (Nouvelle édition.) — Semis. Soins de culture. Arrachage. Préparation des racines. Forçage, diverses méthodes. Thermosiphons. Emballage. Expédition, etc. — Une brochure 13 × 20 de 60 pag avec figures. 6 fr.

CALENDRIER DES SEMIS ET PLANTATIONS, par Vilmorin-Andrieux et Cie. — Un volume cartonné de 14 × 22 de 108 pages avec les indications mois par mois des plantations de fleurs, gazons, arbres et arbustes, plantes de grande culture, graines, plantes potagères, etc. : 5 fr.

LES MEILLEURES PLANTES FOURRAGÈRES, par Stebler et Schrœter. — Description, figures en couleurs et notices détaillées sur leur culture et leur valeur économique. Deux volumes cartonnés 22 × 31 :

1re partie de 152 pages avec 15 planches en chromolithographie et de nombreuses gravures sur bois. 2e partie de 138 pages avec 15 planches en couleurs et de nombreuses figures. — Les deux albums : 60 fr.

AMENAGEMENT DES BOIS, par Fron. — Choix des essences. Soins à donner aux jeunes arbres. Plantation d'arbres divers. Règles de gestion. Les bois et les forêts par région. Les pâturages boisés. — Un volume 12 × 19 de 360 pages. Broché : 24 fr.

MANUEL DE L'APPRENTI JARDINIER, par Van den Heede G. — Petit ouvrage destiné aux débutants du Jardinage. — Un vol. 12 × 19 de 70 pages. Broché : 5 fr.

LE GUIDE DU SEMEUR, par Rivoire, père et fils. — Ce petit ouvrage facilite leur besogne aux amateurs de jardins. Etudes de la graine. Stratification. Découpage. Semis. Terre de semis et enterrage. Arrosement. L'air. Chaleur et lumière. Epoques de semis. Division des semis. Germination, etc., etc. — Un volume 13,5 × 21 de 108 pages. Broché : 5 fr.

CULTURE DES PLANTES MEDICINALES, par A. Abrial. — Renseignements très utiles pour les personnes s'occupant de cette spéculation agricole. Un volume 12 × 19 de 294 pages : 15 fr.

TABLE DES MATIÈRES

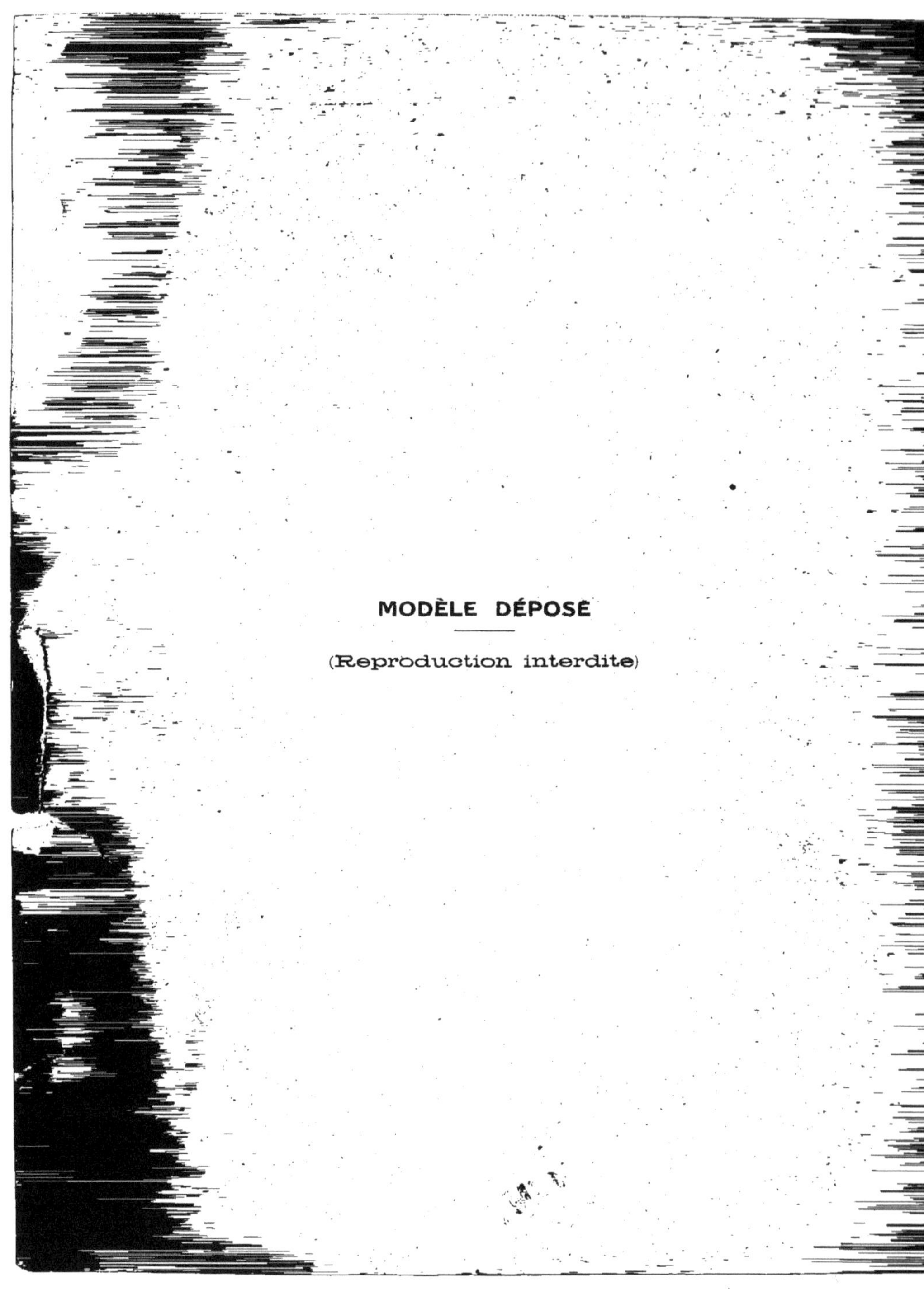

MODÈLE DÉPOSÉ

(Reproduction interdite)